AF597657

Mathias Schmoeckel (Hrsg.)

Das Bonner Juristische Forum

Festschrift
zum
fünfzigjährigen Bestehen

 Nomos

Onlineversion
Nomos eLibrary

Die Deutsche Nationalbibliothek verzeichnet diese Publikation in der Deutschen Nationalbibliografie; detaillierte bibliografische Daten sind im Internet über http://dnb.d-nb.de abrufbar.

ISBN 978-3-8487-8400-4 (Print)
ISBN 978-3-7489-2821-8 (ePDF)

1. Auflage 2021

Vorwort

Mit großer Freude kann ich hiermit die Festschrift zum 51. Jubiläum des „Bonner Juristischen Forum“ der Öffentlichkeit präsentieren! Sie demonstriert die erfolgreiche Existenz des Vereins seit seiner Gründung als „Rechtspolitische Vereinigung“. Seit über fünfzig Jahren gehören die Vorträge zum öffentlichen Leben in Bonn und zur Ausbildung am Juridicum. Gleichzeitig dienen sie den Juristen der Region als gemeinsame Plattform. Andererseits zeigt die einjährige Verspätung auch den tiefen Eingriff, den die Corona-Pandemie in das öffentliche Leben Deutschlands darstellt. Natürlich konnten wir allmählich auch per Zoom Veranstaltungen durchführen, doch die übliche Breitenwirkung konnten wir dabei nicht erreichen. Trotz der gravierenden Grundrechtseinschränkungen konnten so nur wenige der Maßnahmen und auch nur mit Wenigen diskutiert werden. Doch indem diese Zeit zeigt, wie gravierend in unseren Alltag und in scheinbare Selbstverständlichkeiten der Rechtsordnung eingegriffen wurde, demonstriert sie auch, wie wichtig es ist, diese Veränderungen zu beobachten, gemeinsam zu diskutieren und zu bewerten.

Für die kommende Tätigkeit des „Bonner Juristischen Forum“ sehe ich daher eine große Chance, gerade auch am Standort Bonn, an dem sich in der letzten Zeit so viele Bundesbehörden angesiedelt haben, so dass für die aktuellen Rechtsentwicklungen in besonderer Weise juristischer Sachverstand in Stadt und Umgebung präsent ist.

Allen Autoren danke ich für ihre Beteiligung an dieser Festschrift. Mein besonderer Dank gilt Alexander Wehde, der die Erstellung dieser Festschrift kompetent begleitet hat sowie sämtliche Veranstaltungen des „Bonner Juristischen Forums“ aus den vergangenen fünfzig Jahren zusammengestellt hat. Der Nomos-Verlag setzte unsere Vorgaben kompetent und zuverlässig um.

Zum besten Alter gereift kann das „Bonner Juristische Forum“ vielleicht jetzt größere Aufgaben übernehmen und einen gewichtigeren Part im öffentlichen Leben übernehmen. In diesem Sinne wünsche ich dem Verein weiterhin viel Erfolg und den Mitgliedern die anregenden Gespräche und präzisen Informationen, die wir in den letzten Jahrzehnten stets daraus schöpfen konnten: *ad multos annos*!

Bonn, im Juni 2021 *Mathias Schmoeckel*

Inhalt

Von der „Rechtspolitischen Vereinigung“ zum „Juristischen Forum“

Dr. Wolfgang Heyde

A. Einleitung

Am 28. Januar 1970 gründeten 31 Bonner Juristen aus Justiz, Anwaltschaft, Notariat, aus Wissenschaft, Wirtschaft und der Stadtverwaltung, aus Bundesbehörden und Bundestag die *Bonner Rechtspolitische Vereinigung.* Sie gab sich nach 30 Jahren sehr fruchtbaren Wirkens, als die „Rechtspolitik“ nach Berlin umzog, den Namen *Bonner Juristisches Forum.* Dieser Beitrag schildert den – kurzen und eindrucksvollen – Verlauf der Gründung mit den ersten Veranstaltungen und behandelt ausgewählte Aspekte der Vereinsgeschichte.

B. Vorbereitung der Gründung

Die – so kann man wohl sagen – ‚zündende‘ Idee zur Gründung einer Bonner Juristenvereinigung hatte Rechtsanwalt Dr. Konrad Redeker, Sozius der bekannten Anwaltskanzlei Dahs Redeker Schön. Ohne seinen Anstoß gäbe es das heutige Bonner Juristisches Forum nicht. Deshalb muss dieser Bericht mit einer *hommage* beginnen. Schaut man in die Materialien aus den Jahren 1969/1970 kann man nur bewundern, wie Konrad Redeker mit wegweisenden Gedanken, klarer Konzeption des Vorgehens und praktischen Schritten zielgerichtet und zügig seine Vorstellungen in knapp drei Monaten zum Erfolg geführt hat.

Nach vorbereitenden Einzelgesprächen traf er sich am 16. November 1969 mit einem kleinen Kreis ihm vertrauter Bonner Juristen[1], und erörterte mit ihnen seine Vorstellung, nach dem Vorbild der in anderen großen Städten bestehenden Juristischen Studiengesellschaften, in Bonn eine Juristenvereinigung zu gründen. Sie sollte sich allerdings – das war ihm

---

1 Neben Dr. Redeker RD Dr. Wolfgang Heyde (BMJ), Frau Dagmar Dahs-Odenthal sowie die Rechtsanwälte Dr. Constantin Privat, Dr. Dieter Sellner und Dr. Peter Wassermeyer.

wichtig – von den vorhandenen juristischen Gesellschaften dadurch unterscheiden, „dass nicht rein wissenschaftliche Vorträge abstrakter oder historischer Rechtsfragen im Mittelpunkt stehen, sondern die Aufgaben der Juristen aller Sparten und ihre Bindung und Ausstrahlung in Staat, Gesellschaft und Rechtsordnung", eine Vereinigung, die sich, wie er in dem damaligen Besprechungsvermerk formuliert hat, „mit den akuten rechtspolitischen Fragen, ihrem gesellschaftlichen und geistigen Hintergrund und den Zusammenhängen mit benachbarten wissenschaftlichen Gebieten sowie Entwicklungen im Ausland befasst." Das sollte in dem in Aussicht genommenen Namen *Rechtspolitische Vereinigung* zum Ausdruck kommen.

Mit dem Vorbereitungskreis besprach Redeker im Einzelnen das weitere Vorgehen, insbesondere, wer welche potentiellen Mitgründer anspricht. Auch ging es schon um die Planung der ersten Veranstaltungen.

Nach einer Zwischenbilanz im Vorbereitungskreis kurz vor Weihnachten am 22. Dezember, verschickte Redeker am 8. Januar 1970 an von ihm und den Mitgliedern des Kreises persönlich kontaktierte potentielle Gründer einen Gründungsaufruf mit der *Einladung zur Gründungsversammlung* am Mittwoch, dem 28. Januar 1970, 18.00 Uhr, in seiner Anwaltskanzlei.

In dem Aufruf fasste er die Erwägungen für eine Gründung im Wesentlichen weitsichtig wie folgt zusammen: In Bonn fehle bisher eine juristische Vereinigung, „obwohl hier in der Bundeshauptstadt mit dem Parlament, den Bundesministerien, der Universität, den Gerichten, der Anwaltschaft und den vielen Verbänden Juristen aller Sparten besonders zahlreich konzentriert sind. In einer Zeit erheblicher gesellschaftlicher Wandlungen und angesichts der sich immer stärker zeigenden Notwendigkeit, unser Recht den veränderten Zeitläuften anzupassen oder überhaupt neue rechtliche Formen zu finden, werden die nächsten Jahre in besonderem Maße von Fragen der Rechtspolitik bestimmt sein. Es geht darum, die gesellschaftlichen und geistigen Hintergründe der gegenwärtigen rechtspolitischen Entwicklung aufzuhellen, den Zusammenhängen nachzugehen und auch sich über einschlägige Entwicklungen im Ausland zu informieren."

Zur Förderung dieser Aufgabe solle die zu gründende Vereinigung die an der rechtspolitischen Entwicklung und über den beruflichen Alltag hinaus interessierten Juristen aller Bereiche zusammenfassen.

Neben einem Vorschlag zum weiteren Vorgehen kündigte Redeker konkret die von ihm – man staune – bereits arrangierten ersten zwei Veranstaltungen an: Am 14. 04. ein Vortrag von NRW Kultusminister a.D. Prof Dr. Paul Mikat zur Reform des Scheidungsrechts und zwei Monate darauf am 15. 06. Vortrag von Prof. Dr. Ernst Wolfgang Böckenförde, Bielefeld, zum Thema „Kann die Demokratie als Staats- und Regierungsform die Aufgaben der Industriegesellschaft lösen?" Das waren zugkräftige Referenten mit aktuellen rechtspolitischen Themen.

C. *Gründungsveranstaltung, Aufruf zum Beitritt*

Auf dieser Basis trafen sich am 28. Januar 31 Gründer, unter ihnen der BMJ-Staatssekretär Dr. Hermann Maassen[2] und der spätere Bundespräsident Richard von Weizsäcker. Sie vollzogen den Gründungsakt, beschlossen eine Satzung und wählten einen vorläufigen Vorstand mit Ministerialdirektor Kai Bahlmann (BMJ) als Vorsitzendem. Zum Vereinszweck heißt es im (bis heute unveränderten) § 2 der Satzung:

> *„Zweck des Vereins ist die Erörterung aller Fragen der Rechtspolitik sowie der Rechtsfortbildung auf allen Gebieten des Rechts. Ihr dient insbesondere der Erfahrungs- und Meinungsaustausch zwischen Juristen aller Berufsgruppen, darüber hinaus auch mit Vertretern der benachbarten Berufe und Wissenschaften."*

Die Gründer verständigten sich ferner auf einen Aufruf an alle Bonner Juristen.

Dieser für einen Beitritt werbende Aufruf wurde von den Gründern unterzeichnet und am folgenden Tag, dem 29. Januar, zusammen mit einer Pressenotiz versandt. Der Aufruf griff die Vorstellungen Redekers auf und beschrieb das Ziel der Vereinigung wie folgt:

> *„In einer Zeit erheblicher gesellschaftlicher Wandlungen und angesichts der sich immer stärker zeigenden Notwendigkeit, unser Recht den veränderten Zeitläuften anzupassen oder überhaupt neue rechtliche Formen zu finden, werden die nächsten Jahre für uns Juristen insbesondere von Fragen und Entwicklungen der Rechtspolitik bestimmt sein. Die gesellschaftlichen und geistigen Hintergründe dieser gegenwärtigen rechtspolitischen Entwicklungen sind aufzuhellen. Den Zusammenhängen mit den benachbarten Disziplinen, die immer stärker auf Recht und Rechtspolitik Einfluss nehmen, ist nachzugehen. Zwischen- und überstaatliches Recht beginnen besonders*

2 Redeker hatte sich Maassen als ersten Vorsitzenden gewünscht. Der verwies aber in einem von mir geführten Gespräch auf seine volle Auslastung durch sein Amt als Staatssekretär und schlug den damaligen Leiter der Abteilung Öffentliches Recht Kai Bahlmann vor. Maassen ließ sich aber später, nach seinem Ausscheiden aus dem BMJ, in den Vorstand wählen und war 1980 bis 1986 sechs Jahre Vorsitzender; so eindrucksvoll, dass der Vorstand ihn zum Ehrenvorsitzenden ernannte.

> *im Bereich von Wirtschaft und Technik unsere eigene Rechtsordnung zu überlagern.“*

Beigefügt war die Satzung. Und es wurden die beiden ersten Veranstaltungen mit Referenten und Themen angekündigt.

Der Aufruf fand ein enormes Echo. Zeitungsberichte, auch in der überregionalen Presse (u.a. FAZ), führten dazu, dass sich aus allen juristischen Professionen an einem Beitritt interessierte Juristen meldeten. Die Vereinigung hatte dadurch In den Anfangsjahren ca. 250 Mitglieder, eine erstaunliche Zahl.

D. Erste Veranstaltungen, Mitgliederversammlung

Ein gelungener Start der Aktivitäten waren die bereits genannten ersten Vortragsveranstaltungen: Am 14. April der Vortrag von Kultusminister a.D. Prof Dr. Paul Mikat „Reform des Scheidungsrechts und pluralistische Gesellschaft“ und schon zwei Monate später am 15. Juni die Veranstaltung mit Prof. Dr. Ernst Wolfgang Böckenförde, Bielefeld „Kann die Demokratie als Staats- und Regierungsform die Aufgaben der Industriegesellschaft lösen?“ Böckenförde gehörte schon damals zu den herausragenden Staatsrechtslehrern; Ende 1983 wurde er für 12 Jahre Bundesverfassungsrichter in Karlsruhe.

Die erste Mitgliederversammlung fand am 14. April statt, im Anschluss an den Vortrag Mikat. Sie wählte den Vorstand mit Ministerialdirektor Kai Bahlmann als Vorsitzendem, Rechtsanwalt Dr. Hans Dahs jun. als Geschäftsführer sowie Prof. Dr. Paul Mikat, Oberstaatsanwalt Solbach und Rechtsanwalt Werner Junge als weitere Mitglieder. Auch wurde der Mitgliedsbeitrag beschlossen.

Drei Jahre nach der Gründung, im April 1973, zog der Verstand eine erste Bilanz. In einer Aufzeichnung für die Öffentlichkeit wurde an Anlass und Ziele der Gründung erinnert und zum Beitritt eingeladen Eine werbewirksame Auflistung aller bisherigen Veranstaltungen vermittelte ein eindrucksvolles Bild der Vielfalt von Themen und Referenten; in der Form neben Vorträgen auch von Podiumsveranstaltungen. Regelmäßig waren es drei Veranstaltungen pro Jahr.

Bedeutsam für die Vereinsgeschichte ist, dass von Anfang an die Veranstaltungen in den Räumen des Deutschen Industrie- und Handelstages (DIHT) stattfanden. Werner Junge, Chefjurist des DIHT und einer der Gründer, war hier regelmäßig Gastgeber der Vereinigung. So entstand für fast drei Jahrzehnte eine hilfreiche Tradition. Sie endete erst 2000 nach dem Umzug von Regierung, Parlament und den meisten Verbänden nach Berlin. Von da an tagte die Vereinigung in den Räumen des Universitätsclubs, hin und wieder auf Einladung des Landgerichtspräsidenten in dem großzügigen Rahmen des Landgerichts oder auch im Juridicum.

E. Struktur der Vereinigung, Satzungsänderungen

Der Name „Rechtspolitische“ Vereinigung erweckte in den Anfangsjahren bisweilen den natürlich falschen Eindruck, die Vereinigung betreibe Parteipolitik. Der Vorstand hat deshalb ab 1976 auf den Einladungen zu Veranstaltungen im Briefkopf dem Namen „Bonner Rechtspolitische Vereinigung“ den Zusatz „Überparteiliches Gesprächsforum Bonner Juristen“ zugefügt.

Die Umbenennung in *"Bonner Juristisches Forum“* erfolgte erst durch satzungsändernden Beschluss der Mitgliederversammlung vom 14.09.1999. Der neue Name sollte der veränderten Situation Rechnung tragen, die sich für Bonn durch die Verlegung des Regierungssitzes nach Berlin ergeben hat. § 2 der Satzung (Zweck des Vereins) blieb unverändert.

Als hilfreich erwies sich eine bei dieser Gelegenheit vorgenommene weitere Satzungsänderung, nämlich die **Einrichtung eines Beirats**, der den Vorstand bei der Programmplanung berät und darüber hinaus gute Kontakte ermöglicht. Vorstand und Beirat treffen sich im Allgemeinen zweimal im Jahr zu anregenden Sitzungen.

Eine jüngere Satzungsänderung vom 18.01.2011 ermöglicht seit 2011 die Aufnahme auch von studentischen Mitgliedern. Bisher war eine abgeschlossene Hochschulausbildung erforderlich. 1970 hatten die Verfasser der Satzung gemeint, die Diskussion rechtspolitischer Themen setze eine juristische Ausbildung voraus. Die Satzungsänderung ergab sich beinahe zwangsläufig aus der 2009/2010 begonnenen Kooperation mit ELSA – European Law Students‘ Association.

F. Vorsitzende

Viele Menschen haben in den 5 Jahrzehnten das Leben des Forums durch die aktive Arbeit im Vorstand und Mitwirkung bei Veranstaltungen geprägt, aber auch durch Anregungen, Ratschläge und als Gastgeber von Veranstaltungen bereichert. Stellvertretend seien die bisherigen neun Vorsitzenden genannt.

1970 – 13.03.1974	Ministerialdirektor Kai Bahlmann (BMJ)
13.03.1974 – 10.02.1977	Prof. Dr. Peter Raisch, Universität Bonn
10.02.1977 – 05.02.1980	Rechtsanwältin Dr. Ursula Lantzke
05.02.1980 – 22.04.1986	Staatssekretär a.D. Rechtsanwalt Dr. Hermann Maassen
22.04.1986 – 13.11.1990	Ministerialdirektor Dr. Erich Bülow (BMJ)
13.11.1990 – 12.09.1996	Rechtsanwalt Werner Junge, Chefsyndikus DIHT
12.09.1996 – 18.01.2011	Ministerialdirektor a.D. Dr. Wolfgang Heyde (BMJ)
18.01.2011 – 07.02.2017	Vors. Richterin am OLG Gabriele Ey, Köln, Vorsitzende des JPA Köln
07.02.2017 – heute	Prof. Dr. Mathias Schmoeckel, Universität Bonn

G. *Bisherige Jubiläen*

Besonders begangen wurden das 10-jährige, 25-jährige, 35-jährige und 40-jährige Bestehen. Zum 10- und zum 25-jährigen Bestehen hielt Dr. Hans-Jochen Vogel den Festvortrag. Am 21.05.1980 sprach er als Bundesjustizminister über „Die Rechtspolitik an der Wende einer neuen Legislaturperiode“. Den Festvortrag am 20.03.1996 zum 25-jährigen Bestehen hielt er schon als Ruheständler mit dem Thema „Gewaltenvermischung statt Gewaltenteilung? Zu neueren Entwicklungen im Verhältnis der Verfassungsorgane zueinander.“[3]

Das 35-jährige Bestehen wurde mit einer Veranstaltung am 01.12.2005 im Rhein. Landesmuseum gefeiert, mit einem Besuch der Ausstellung „ROOTS“ und einem einführenden Vortrag des Kurators der Ausstellung Dr. Michael Schmauder zu den praktischen und rechtlichen Problemen bei der Vorbereitung einer solchen großen Ausstellung.

Das 40-jährige Bestehen feierte das Forum am 2. Juli 2010 in einem festlichen Rahmen mit einem Festakt im Großen Saal des Universitätsclubs und anschließendem Empfang im sommerlichen Garten. Die Laudatio hielt das Gründungsmitglied Dr. Hans Daniels. Grußworte sprachen die Bürgermeisterin Kappel und Prof. Dr. Christian Hillgruber als Dekan der Rechts- und Staatswissenschaftlichen Fakultät. Johannes Riedel, OLG-Präsident Köln, gab in seinem Festvortrag gute, weiterführende Anstöße zum Nachdenken und für die Arbeit des Forums. Eine 2011 publizierte *Jubiläumsschrift* enthält alle gesprochenen Texte, ergänzt um Aspekte der Vereinsgeschichte und ein aktuelles Mitgliederverzeichnis.

---

3 Vogel, Zu neueren Entwicklungen im Verhältnis der Verfassungsorgane zueinander, NJW 1996, 1505.

Vorträge aus fünf Jahrzehnten – Dokumentation der Veranstaltungen seit 1970

Alexander Wehde

Über die vergangenen fünf Jahrzehnte hat die Bonner Rechtspolitische Vereinigung und später das Bonner Juristische Forum mehr als 300 Persönlichkeiten aus Politik, Wissenschaft, Praxis und Wirtschaft in seiner Mitte willkommen heißen dürfen.[1] Über Podiumsdiskussionen, Vorträge oder Gesprächsabende konnten Juristinnen und Juristen aus den unterschiedlichsten Arbeits- und Forschungsbereichen zusammengebracht werden und der Diskurs über aktuelle rechtspolitische Themen vorangetrieben werden. Das Bonner Juristische Forum hat sich so als geschätzter Ort des Erfahrungs- und Gedankenaustauschs etabliert.

Vor dem Hintergrund dieser Historie greift das Bonner Juristische Forum bis heute in seinen Veranstaltungen aktuelle Themen und Fragestellungen auf, die im Mittelpunkt des öffentlichen Interesses und der gesetzgeberischen Arbeit stehen. Ein Blick auf das in den letzten fünfzig Jahren durchgeführte Programm[2] verdeutlicht dies:

Datum	**Veranstaltungstitel und Referent/Referentin**
14.04.1970	*Reform des Scheidungsrechts und pluralistische Gesellschaft.* Kultusminister a. D. Prof. Dr. Paul Mikat, MdB. Moderation: Prof. Dr. Günther Beitzke (Universität Bonn).
15.06.1970	*Kann die Demokratie als Staats- und Regierungsform die Aufgaben der Industriegesellschaft lösen?* Prof. Dr. Ernst-Wolfgang Böckenförde (Universität Bielefeld).
27.11.1970	*Strafvollzug im Widerstreit.* Prof. Dr. Horst Schüler-Springorum (Universität Göttingen), Dr. Helga Einsele (Direktorin der Straf- und Untersuchungshaftanstalt für Frauen).
10.03.1971	*Justizreform – Wege der Verwirklichung.* MinDir Herbert Danzer (BMJ), RA Dr. Heinrich Vigano (Präsident der Rechtsanwaltskammer Köln) und OLGRat Dr. Dirk Itel Rogge (Mitglied Präsidium des Dt. Richterbundes).

1 Bis September 1999 als Bonner Rechtspolitische Vereinigung.

2 Die folgende Auflistung ist leider nicht ganz vollständig, da alte Einladungen – insbesondere für die Jahre 1981-1983 – teilweise nicht mehr verfügbar waren. Die Moderation ist dann angegeben, wenn die betreffende Einladung dies zum Ausdruck brachte.

Datum	**Veranstaltungstitel und Referent/Referentin**
08.06.1971	*Rechtliche Folgen einer Europäischen Wirtschafts- und Währungsunion.* MinDir Dr. Ulrich Everling (BMWi) und Dr. Claus Dieter Ehlermann (Jurist. Dienst der Kommission).
22.09.1971	*Reform des § 218 StGB – Diskussionsabend.* Bundesverfassungsrichterin a. D. Dr. Erna Scheffler, Prof. Dr. Koester (Direktor Städt. Frauenklinik Dortmund), Prof. Dr. Gerald Grünwald (Universität Bonn), MdB Dr. Hans de With (Bamberg), MdB Dr. Heinz Eyrich, Dr. med. Hedda Heuser. Moderation: RA Prof. Dr. Hans Dahs.
01.12.1971	*Außenpolitik im Spannungsfeld – Rechtliche Aspekte der Ostverträge.* Prof. Dr. Wilhelm Kewenig (Universität Kiel), Priv.-Doz. Dr. Helmut Steinberger (Max-Planck-Institut für ausländisches öffentliches Recht und Völkerrecht).
20.01.1972	*Langfristplanung und Reformpolitik.* Prof. Dr. Fritz Scharpf (Universität Konstanz).
16.05.1972	*Pressefreiheit in unserer Zeit - Ein Podiumsgespräch zur Presserechtsreform.* Podiumsgespräch: Dr. Ulrich Dübber MdB, Prof. Dr. Walter Mallmann (Universität Gießen); Prof. Dr. Peter Glotz (Universität München), Freiherr von Mauchenheim (Generalsekretär des Dt. Presserates), Ihlefeld (Dt. Journalistenunion), Erhard Becker (Dt. Journalistenverband), RA Rüdiger Niemann (Bundesverband Dt. Zeitungsverleger). Moderation: Bundesverfassungsrichterin Wiltraut Rupp-v. Brünneck.
13.12.1972	*Zur Reform des Staatshaftungsrechts. Gemeinsame Veranstaltung mit der Ständigen Deputation des DJT.* RA Prof. Dr. Bernd Bender.
25.01.1973	*Rechtspolitische Probleme der Unternehmenskonzentration.* Prof. Dr. Peter Raisch (Universität Bonn).
14.02.1973	*Mehr Verbraucherschutz gegenüber allgemeinen Geschäftsbedingungen.* Podiumsdiskussion: Staatsminister der Justiz Dr. Held, Frau Dr. Erkelenz (Arbeitsgemeinschaft der Verbraucher e.V), Dr. Eberstein (Bundesverband der Deutschen Industrie), RA Dr. J. Schmitt Salzer, Privatdozent Dr. Eike von Hippel (Max-Planck-Institut für ausländisches und internationales Privatrecht).
18.09.1973	*Der programmierte Mensch oder Schutz der Persönlichkeit bei der elektronischen Datenverarbeitung.* Podiumsdiskussion: MinDirig Reh (Hess. DatenschutzB), Prof. Dr. Spiros Simitis (Universität Frankfurt/M.), MR Dr. Auernhammer (BMI), Direktor Dr. Pietsch (Arbeitskreis für wirtschaftl. Verwaltung, Essen), MR Stöckle (Innenministerium RhPf). Moderation: Wolfgang Burhenne (Geschäftsführer Interparl. ArbGem.).
28.11.1973	*Umweltschutz als Rechtsproblem?* MinDir Dr. Kölble (BMI).
13.03.1974	*Probleme Parlamentarischer Untersuchungsausschüsse – von Watergate bis Steiner.* Legal Adviser Mr. Pfund, Dr. Hans Dichgans MdB.
27.03.1974	*Aktuelle Probleme des Schweizerischen Verfassungsrechts.* Podiumsdiskussion: Prof. Dr. Richard Bäumlin (Universität Bern), Prof. Dr. Thomas Fleiner (Universität Freiburg), Prof. Dr. Walter Haller (Universität Zürich), Prof. Dr. Jörg Paul Müller (Universität Bern), Prof. Dr. Peter Saladin (Universität Basel), Prof. Dr. Luzius Wildhaber (Universität Freiburg), Prof. Dr. Augustin Macheret (Universität Freiburg), Prof. Dr. Yvo Hangartner (Universität St. Gallen).
19.06.1974	*Städtebauförderungsgesetz und Novelle zum Bundesbaugesetz – wichtige Schritte der Bau- und Bodenrechtsreform.* Prof. Dr. Rudolf Stich (Universität Kaiserslautern) und RA Klaus Dieter Becker.

Datum	Veranstaltungstitel und Referent/Referentin
14.11.1974	*Probleme der Organ-Transplantation.* Podiumsgespräch: Prof. Dr. Alfred Gütgemann, Prof. Dr. Franz Böckle, Prof. Dr. Peter Raisch (alle Universität Bonn).
19.03.1975	*Der Fall Herstatt und seine rechtspolitischen Konsequenzen.* Podiumsgespräch: RA Werner Junge (DIHT Bonn), Dr. Thorwald Hellner (BVerband Dt. Banken), RA Carl Wellmann (IHK Köln).
26.06.1975	*Richtlinien für den Politik-Unterricht zwischen Grundgesetz und Schulpolitik.* Podiumsgespräch: MR Dr. Herbert Knepper (KM Düsseldorf), StudDir. Dr. Bernhard Sutor (Fachdidaktische Kommission Sozialkunde beim KM Mainz), OStudRat Christoph Bosse (Gymnasium Wuppertal-Vohwinkel), OStudRat Peter Gerschke (E-M-A-Gymnasium Bonn), MR Dr. Günther Storsberg (Elternvertreter), Prof. Dr. Christian Tomuschat (Universität Bonn). Moderation MR Dr. Wolfgang Heyde (BMJ).
14.10.1975	*Verteidigung des Rechtsstaats durch Beschränkung der Rechte der Verteidigung?* RA Dr. Wilhelm Haddenhorst, Prof. Dr. Gerald Grünwald (Universität Bonn), MR Dr. Peter Eckl.
25.11.1975	**Persönlichkeitsschutz und Pressefreiheit – Ein unauflöslicher Gegensatz?** Prof. Dr. Hermann Weitnauer (Universität Heidelberg), Hans-Joachim Reiche (ZDF-Studio Bonn).
18.02.1976	*Das künftige Scheidungsfolgenrecht.* Prof. Dr. Dr. h. c. Günther Beitzke (Universität Bonn), MinDirig Dr. Walter Rolland (BMJ).
05.05.1976	*Die rechtliche Problematik der Sterbehilfe.* Podiumsgespräch: Prof. Dr. Rudolphi (Universität Bonn), Priv.-Doz. Dr. Siedek (Universität Bonn), Priv.-Doz. Dr. Vogel (Universität Bonn).
23.06.1976	*Gefahr und Macht des Sachverständigen.* Podiumsgespräch: RA Dr. Hans Dahs, Prof. Dr. med. G. Dotzauer (Universität Köln), VRiLG W. Schmitz-Justen, Dipl.Ing. K. Spange. Moderation RAin Dr. Ursula Lantzke.
28.10.1976	*Der Einsatz von Gewaltmitteln durch die Polizei nach den Vorschlägen des Musterentwurfs eines einheitlichen Polizeigesetzes.* VizPräs. Bundeskriminalamt Reinhard Rupprecht, Prof. Dr. Ernst-Walter Hanack (Universität Mainz).
10.02.1977	*Die Bewertung der Hausfrauenarbeit – ein Problem zivilrechtlicher Schadensberechnung.* Podiumsgespräch: RiBGH Erika Scheffen, Versicherungsdirektor Dr. Alois Deichl, MR Dr. Hansgeorg Eckelmann. Moderation: ORR Dr. Wolfgang R. Assmann.
23.06.1977	*Notwehrsituation an der innerdeutschen Grenze.* Podiumsdiskussion: u.a. Prof. Dr. Christian Schroeder (Universität Regensburg).
04.10.1977	*Probleme der Sportgerichtsbarkeit.* Podiumsdiskussion: VRiLG Hans Kindermann, Senatspräsident Wilhelm Hennes, RA Dr. Reinhard Rauball, Prof. Dr. H. P. Westermann (Universität. Bielefeld). Moderation: RA Barth.
24.01.1978	*Verbandsklage und Verbandsbeteiligung im öffentlichen Recht.* Podiumsdiskussion: RA. Siegfried de Witt, Paul Grus, MR Dr. Jens Meyer-Ladewig (BMJ), Prof. Dr. Manfred Rehbinder (Universität Frankfurt). Moderation: Dr. Winfried Tilmann (BMJ).
25.04.1978	*Aktuelle Reformtendenzen im Strafprozess.* MR Dr. Peter Rieß (BMJ). Moderation: RA Dr. Hans Dahs.

Datum	Veranstaltungstitel und Referent/Referentin
31.01.1979	*Bundesverfassungsgericht und Gesetzgeber.* Podiumsgespräch: Prof. Dr. Horst Ehmke MdB, Bundesverfassungsrichter a.D. Prof. Dr. Willi Geiger, Prof. Dr. Christian Starck (Universität Göttingen). Moderation: MR Dr. Wolfgang Heyde (BMJ).
05.02.1980	*Sittlichkeit und Recht.* Prof. Dr. Franz Böckle. Moderation: RA'n Dr. Ursula Lantzke.
21.05.1980	*Die Rechtspolitik an der Wende einer neuen Legislaturperiode – Festvortrag zum 10-jährigen Bestehen der Bonner Rechtspolitischen Vereinigung.* Bundesjustizminister Dr. Hans-Jochen Vogel.
09.12.1980	*Medizinische und rechtliche Probleme der künstlichen Insemination und der Übertragung des befruchteten menschlichen Eies.* Prof. Dr. med. Ludwig, MR Dr. Wolfgang Heyde (BMJ). Moderation: MinDirig Dr. Erich Bülow (BMJ).
18.03.1981	*Datenschutz als Hemmschuh für Justiz und Polizei?* Prof. Dr. Hans Peter Bull (BfDI). Moderation: OStA Dr. Rudolf Gehrling.
24.06.1981	*Recht und Sucht, Strafe und Rehabilitation.* Dr. Karl Deissler. Moderation: VRiLG Walter Schmitz-Justen.
13.02.1984	*Die Rechtsprechung des EuGH.* Richter am EuGH Prof. Dr. Ulrich Everling.
04.12.1984	*Zum Stand der Schuldrechtsreform im BGB.* MinDir Dr. Günther Schmidt-Räntsch (BMJ).
26.02.1985	*Rechtsprobleme der künstlichen Befruchtung.*
11.06.1985	*Video: eine neue Technik mit neuen Problemen für den Jugendschutz.* Ltd. RegDir Stefen (Bundesprüfstelle, Bonn) und Friedrich Schöllmann (Produktmanager UfA, München). Moderation: RA'n Dr. Ursula Lantzke (Bonn).
10.09.1985	*Die nichteheliche Lebensgemeinschaft und ihre vermögensrechtliche Abwicklung.* Prof. Dr. Wilfried Schlüter (Rektor der Universität Münster). Moderation Prof. Dr. Bernd von Maydell (Universität Bonn).
10.12.1985	*Die Europäische Gemeinschaft als Rechtsgemeinschaft – Bilanz und Zukunftsperspektiven.* Generaldirektor Dr. Claus-Dieter Ehlermann (Juristischer Dienst der Kommission, Brüssel). Moderation: MD Dr. Bülow (BMJ).
03.03.1986	*Umweltschutz im Spannungsfeld zwischen Strafrecht und Verwaltungshandeln.* Prof. Dr. Hans-Joachim Rudolphi (Universität Bonn), ORR Moormann (Umweltmin. Düsseldorf). Moderation: OStA Dr. Rudolf Gehrling.
22.04.1986	*Arbeitsgerichte zwischen Recht und Politik.* Präsident BAG Prof. Dr. Otto Kissel. Moderation: Staatssekretär a. D. RA Dr. Hermann Maassen.
09.10.1986	*Bedarf es zur Bekämpfung der Arbeitslosigkeit einer Änderung der bestehenden Gesetze?* Prof. Dr. Jost Pietzcker (Universität Bonn), Dr. Josef Siegers (Bundesvereinigung Dt. Arbeitgeberverbände, Bonn), Präsident LArbeitsamt Olaf Sund. Moderation: Prof. Dr. Bernd von Maydell (Universität Bonn).
24.03.1987	*Der parlamentarische Untersuchungsausschuss zwischen Recht und Politik.* Podiumsdiskussion: Prof. Dr. Meinhard Schröder (Universität Trier), Schulte/Unna MdB (Vorsitzender des BT-Geschäftsordnungs-Ausschusses), Dr. Wolfgang Bötsch MdB (stellvertr. Vorsitzender des BT-Geschäftsordnungsausschusses), RA Dr. Egon Müller. Moderation: VRinLG Eva Weigand-Hohnstock (Bonn).

Datum	Veranstaltungstitel und Referent/Referentin
20.05.1987	*Schwerpunkte des rechtspolitischen Programms des Bundesjustizministeriums in der 11. Legislaturperiode.* Bundesjustizminister Hans A. Engelhard. Moderation: MinDir Dr. Erich Bülow (BMJ).
08.11.1988	*Anwalt 2000 – geht die deutsche Anwaltschaft schweren Zeiten entgegen? Berufsbild und Berufsfelder im Wandel.* RA Karl-Peter Winters (Hauptgeschäftsführer des DAV), RA u. Notar Dr. Leo Elsbernd (Vizepräsident Rechtsanwaltskammer Hamm) und RA Dr. Michael Kleine-Cosack (Ausschuss „Verfassungsrecht“ der BRAK).
07.03.1989	*Der gezielte polizeiliche Rettungsschuss.* Prof. Dr. Karl Heinrich Friauf (Universität Köln) und Bonner Polizeipräsident Michael Kniesel. Moderation: MinDir Dr. Erich Bülow (BMJ).
30.05.1989	*Kommunales Wahlrecht für Ausländer.* Prof. Dr. Hans Meyer (Universität Frankfurt) und Prof. Dr. Josef Isensee (Universität Bonn).
03.10.1989	*Die Probleme im Umwelthaftungsrecht.* MinDirg Peter Gass (BMJ). Moderation: RA Werner Junge.
05.12.1989	*Problematik der Frauenquote.* Prof. Dr. Michael Sachs (Universität Augsburg), Dr. Maidowski, ORRn Zimmermann-Schwartz.
20.03.1990	*Verfassungsrechtliche Fragen der deutschen Wiedervereinigung.* Prof. Dr. Christian Starck (Universität Göttingen).
11.09.1990	*Vom Vertrag über die Wirtschafts-, Währungs- und Sozialunion zum Beitrittsvertrag.* Staatssekretär Dr. Klaus Kinkel (BMJ). Moderation: MinDir Dr. Erich Bülow (BMJ).
23.04.1991	*Der rechtsstaatliche Aufbau in den neuen Ländern.* Justizminister des Landes Sachsen-Anhalt Dr. Walter Remmers.
12.12.1991	*Probleme der strafrechtlichen Aufarbeitung von DDR-Unrecht.* Prof. Dr. Gerald Grünwald (Universität Bonn). Moderation: OStA Dr. Rudolf Gehrling (Bonn).
16.06.1992	*Die Verfassung des Landes Brandenburg.* Staatssekretärin Irmgard von Rottenburg (Vertretung des Landes Brandenburg beim Bund).
27.10.1992	*Europäisierung des Privatrechts.* Prof. Dr. Ulrich Drobnig (Direktor Max- Planck-Institut für Ausländisches und Internationales Privatrecht). Moderation: Prof. Dr. Wulf-Henning Roth (Universität Bonn).
25.11.1992	*Die Treuhandanstalt und ihre alten/neuen DDR-Unternehmensleiter zwischen Belastung und Anpassung – Eindrücke und Erfahrungen eines Vertrauensbevollmächtigten beim Vorstand der Treuhandanstalt.* MinDir a. D. Dr. Erich Bülow. Moderation: RA Werner Junge.
24.03.1993	*Perspektiven einer liberalen Rechtspolitik.* Bundesjustizministerin Sabine Leutheusser- Schnarrenberger. (Der Vortrag wurde wegen Verhinderung der Ministerin von Staatssekretär Ingo Kober (BMJ) gehalten).
14.05.1993	*Aufgaben und Struktur des Europäischen Gerichtshofs – Besuch des EuGH in Luxemburg* Vortrag des deutschen EuGH-Richters Prof. Dr. Manfred Zuleeg sowie Gespräch mit dem deutschen Generalanwalt Prof. Dr. Otto Lenz. Moderation: MinDir. Dr. Wolfgang Heyde (BMJ).

Datum	**Veranstaltungstitel und Referent/Referentin**
30.11.1993	*Anforderungen der Deutschen Einheit an die Reform des Grundgesetzes.* Prof. Dr. Otto Depenheuer (Universität Mannheim).
20.04.1994	*Reform des Kindschaftsrechts.* Margot von Renesse MdB.
03.11.1994	*Verfahrensgestaltung und Rechtskontrolle bei den juristischen Staatsprüfungen (Schwerpunkt: Erste juristische Staatsprüfung).* Vizepräsident OLG Dr. Alarich Richter (Präsident des Justizprüfungsamts beim OLG Köln) und RA Dr. E. Baden. (Wegen Erkrankung von Dr. Richter hat RA Dr. K. D. Becker dessen Manuskript vorgetragen.).
20.06.1995	*Das Sektenwesen und die Religionsfreiheit.* Ursula Caberta (Sektenbeauftragte des Hamburger Senats) und Prof. Dr. Josef Isensee (Universität Bonn).
23.11.1995	*Überlegungen zu einem Transplantationsgesetz.* Prof. Dr. Dr. Erwin Deutsch (Universität Göttingen).
20.03.1996	*Gewaltenvermischung statt Gewaltenteilung? Zu neueren Entwicklungen im Verhältnis der Verfassungsorgane zueinander- Jubiläums-Festvortrag zum 25-jährigen Bestehen des Vereins.* Bundesjustizminister a. D. Dr. Hans-Jochen Vogel.
19.06.1996	*Europäischer Menschenrechtsschutz – Bilanz und Ausblick.* MinDirig Dr. Jens Meyer-Ladewig (Beauftragter für Menschenrechtsfragen der Bundesregierung).
26.11.1996	*Probleme des Entwurfs eines europäischen Menschenrechtsübereinkommens zur Biomedizin.* Podiumsveranstaltung: Prof. Dr. Hans-Gerd Lenard (Universität Düsseldorf), Dr. Manfred Lütz (Dipl.-Theologe und Facharzt für Psychiatrie und Psychotherapie), RDn Cornelia Rudloff-Schäffer (BMJ). Moderation: MinDir Dr. Wolfgang Heyde (BMJ).
22.01.1997	*Deutsches Arbeitsrecht und europäisches Gemeinschaftsrecht – Zusammenwirken mit Schwierigkeiten.* Dr. Hellmut Wissmann (RIBAG). Moderation: Prof. Dr. Wulf-Henning Roth (Universität Bonn).
13.05.1097	*Spionage: Erfahrungen aus Prozessen vor dem Oberlandesgericht Düsseldorf.* VorsRiOLG a. D. Dr. Klaus Wagner. Moderation: LtdOStA Dr. Rudolf Gehrling.
17.09.1997	*Integration und kulturelle Identität zugewanderter Minderheiten: Ist das deutsche Schulrecht noch zeitgemäß?* Dr. Christine Langenfeld (Referentin am Max-Planck-Institut für ausländisches öffentliches Recht und Völkerrecht, Heidelberg.)
24.10.1997	*Informationsbesuch bei den Organen der EU in Brüssel.* Vorträge: Aktuelle Fragen der Zusammenarbeit in den Bereichen Justiz und Inneres: GenDir Charles Elsen (Generalsekretariat des Rates der EU); Die Verbraucherpolitik der Europäischen Union: Dieter Hoffmann (Referatsleiter Generaldirektion XXIV-Verbraucherpolitik); Die Aufgaben des Juristischen Dienstes der Kommission: Ulrich Wölker (Jurist. Dienst der Kommission). Arbeitsberichte: Dr. H. Deßloch (Leiter der Vertretung des Freistaats Bayern) und MinDirig Dr. J. Grünhage (Stellvertretender Ständiger Vertreter der Bundesrepublik bei der EU). Moderation: MinDir Dr. Wolfgang Heyde (BMJ).
10.02.1998	*Gewaltverhalten von Kindern und Jugendlichen – Deutung und Einflussmöglichkeiten.* Prof. Dr. Detlev Frehsee (Universität Bielefeld). Moderation: RDn Dr. Dorothee Weckerling-Wilhelm (BMJ).
10.06.1998	*Die Finanzverfassung des Grundgesetzes – ein Auslaufmodell?* Prof. Dr. Helmut Siekmann (Ruhr-Universität Bochum)

Datum	Veranstaltungstitel und Referent/Referentin
10.12.1998	*Die Beratung der Mittel- und Osteuropäischen Staaten beim Aufbau neuer Rechtsordnungen – Erfahrungen und Probleme.* Podiumsveranstaltung: Richterin des BVerfG a. D. Prof. Dr. Karin Graßhof, MinDirig a. D. Paul Schuster, RA Dr. Albrecht Piltz. Moderation: MinDir Dr. Wolfgang Heyde (BMJ).
15.04.1999	*Die eingetragene Partnerschaft – eine neue Form des Zusammenlebens?* Prof. Dr. Siegfried Willutzki (Präsident des deutschen Familiengerichtstages).
15.06.1999	*Die Rechtspolitik der Bundesregierung in der 14. Legislaturperiode.* Prof. Dr. Herta Däubler-Gmelim (BMJ)
14.09.1999	*Reformen im Steuerrecht und ihre Konsequenzen für die Kirchen.* Podiumsveranstaltung: MinDirig a. D. Dr. Jörg Giloy (Bingen, ehemals Abt.Leiter im FinMinisterium RhPf.), Generalvikar Dr. h. c. Norbert Feldhoff (Erzbistum Köln), Oberkirchenrat Georg Immel (Evangelische Kirche im Rhld.) Moderation: MinDir a. D. Dr. Wolfgang Heyde.
30.11.1999	*Entschädigung für NS-Zwangsarbeiter – ein Überblick über aktuelle Diskussionen.* MR Gerhard Fieberg (BMJ).
22.02.2000	*Ist das strafrechtliche Sanktionensystem noch zeitgemäß?* Prof. Dr. Dr. h. c. Hans Joachim Schneider (Universität Münster). Moderation: Ltd. OStA Dr. Rudolf Gehrling.
09.05.2000	*Aufgaben und zukünftige Herausforderungen für die Regulierung der Telekommunikations- und Postmärkte in Deutschland.* Klaus-Dieter Scheurle, Präsident der Regulierungsbehörde für Post und Telekommunikation. Moderation: Prof. Dr. Wulf-Henning Roth (Universität Bonn).
19.09.2000	*Landesbanken, Sparkassen und öffentlich-rechtliche Versicherungen – Unternehmen im Wettbewerb oder Instrumente staatlichen Handelns?* Prof. Dr. Helmut Siekmann (Ruhr-Universität Bochum). Moderation: RA Dr. Klaus D. Becker (Bonn).
08.11.2000	*Reform des Strafverfahrens – ein Zwischenbericht.* MinDir a. D. Prof. Dr. Peter Rieß. Moderation: Ltd. OStA Dr. Rudolf Gehrling.
06.02.2001	*Aktuelle Fragen aus der Arbeit des Bundeskartellamtes.* Dr. Ulf Böge, Präsident des Bundeskartellamtes. Moderation: Prof. Dr. Wulf-Henning Roth (Universität Bonn).
27.03.2001	*Ziele, Mittel und Organisation der Versicherungsaufsicht in Deutschland.* Dr. Helmut Müller, Präsident des Bundesaufsichtsamtes für das Versicherungswesen.
18.06.2001	*Justiz und Medien.* Justizminister des Landes NRW Jochen Dieckmann.
29.01.2002	*Völkerrechtliche Fragen nach dem 11. September.* Prof. Dr. Dr. Rudolf Dolzer (Universität Bonn).
24.04.2002	*Die Europäisierung des deutschen Verfassungsrechts.* Prof. Dr. Dres. h.c. Jochen Abr. Frowein (Direktor am Max-Planck-Institut für ausländischen öffentliches Recht und Völkerrecht).
16.07.2002	*Museumsmanagement.* Dipl. Verw.-Wirt Wilfried Gatzweiler (Geschäftsführer der Bundeskunsthalle).
12.11.2002	*Aufgaben und Organisation des Bundesinstituts für Arzneimittel und Medizinprodukte.* Prof. Dr. H.G. Schweim (Präsident des BfArM), Brigitta Porz-Krämer (Ltd. Regierungsdirektorin).
08.04.2003	*Der Bundesrechnungshof – Wächteramt durch Finanzkontrolle.* Norbert Hauser (Vizepräsident des BRH).
26.05.2003	*Die Rechtspolitik der Bundesregierung in der 15. Legislaturperiode.* Bundesministerin der Justiz Brigitte Zypries.

Datum	**Veranstaltungstitel und Referent/Referentin**
07.07.2003	*Zivilprozessreform.* Podiumsdiskussion: Dr. Gerhard Kreft (Vors. Richter BGH), Dr. Winfried Schuschke (Vors. Richter OLG Köln), Uwe Schneiders (Vors. Richter LG Bonn), RA Dr. Friedwald Lübbert. Moderation: Prof. Dr. Eberhard Schilken (Universität Bonn).
13.11.2003	*Der Verfassungsentwurf des EU-Konvents – Bewertung der Strukturentscheidungen.* Prof. Dr. Ludger Kühnhardt (Direktor am Zentrum für Europäische Integrationsforschung).
29.01.2004	*Einsatz und Aufgaben der Bundeswehr zu Beginn des 21. Jahrhunderts.* Ulrich Weisser (Vizeadmiral a.D).
06.07.2004	*Die Neuregelung der Rechtsberatung.* Gabriele Caliebe (Richterin am BGH).
29.11.2004	*Muss der Bundesrat entmachtet werden? Ziele und Perspektiven einer Neuordnung der föderalen Strukturen in unserer Verfassung.* Prof. Dr. Ernst Benda (Präsident des BVerfG a.D.).
27.01.2005	*Die Bedeutung der Kultur in der Verfassungsordnung der Europäischen Union.* Prof. Dr. Thomas von Danwitz (Universität Köln).
27.06.2005	*Grundgesetz und Europa.* Prof. Dr. Dr. Udo Di Fabio (Richter des BVerfG).
01.12.2005	*Praktische und rechtliche Probleme bei der Vorbereitung einer großen Ausstellung am Beispiel von ROOTS.* Dr. Michael Schmauder (Kurator Rheinisches Landesmuseum).
23.01.2006	*Die Rechtspolitik der Nordrhein-Westfälischen Landesregierung in der 14. Legislaturperiode.* Justizministerin des Landes NRW Roswitha Müller-Piepenkötter.
26.04.2006	*Die Bundesnetzagentur – Wettbewerb durch Regulierung?* Martin Cronenberg (Vizepräsident der Bundesnetzagentur).
20.11.2006	*Juristische Aspekte in Bibelgleichnissen.* Prof. Dr. Rolf Knütel (Universität Bonn).
28.03.2007	*Verschlungene Wege – Rechtsetzung in der Europäischen Union.* Anders Olander (Direktor im Generalsekretariat des Rates der EU).
10.05.2007	*Bundesverfassungsgericht und Fachgerichte – Elefant im Porzellanladen?* Podiumsdiskussion: Elisabeth Doleisch v. Dolsberg (VRinOLG Köln), Dr. h.c. Rudolf Mellinghoff (Richter des BVerfG Karlsruhe), Prof. Dr. Harald Schaumburg (RA Bonn), Prof. Dr. Gerhard Wagner (Universität Bonn). Moderation: MinDir. a. D. Dr. Wolfgang Heyde.
28.08.2007	*Das neue Bundesamt für Justiz – Zentraler Dienstleister der Bundesjustiz.* Gerhard Fieberg (Präsident des Bundesamtes für Justiz).
18.10.2007	*Forderungen und Erwartungen der Städte und Gemeinden an die Föderalismusreform II.* Dr. Gerd Landsberg (Geschäftsführendes Präsidialmitglied des Deutschen Städte- und Gemeindebundes).
19.02.2008	*Online-Durchsuchung auf dem Prüfstand.* Klaus Wittling (Direktor beim Bundeskriminalamt), StA Marco Thelen, Prof. Dr. Torsten Verrel (Universität Bonn), Prof. Dr. Oliver Lepsius (Universität Bayreuth).
14.05.2008	*Umbruch und Aufbruch: Die Vereinten Nationen in Bonn.* Botschafter a.D. Harald Ganns (Beauftragter für Presse und Information der 17 Bonner UN-Büros).
13.06.2008	*Das neue Unterhaltsrecht.* Prof. Dr. Mathias Schmoeckel (Universität Bonn), Prof. Siegfried Willutzki, RAin Ulrike Börger, Dr. Christoph Dorsel, (Notar Brühl), Prof. em. Dr. Robert Battes (Universität Bonn).
28.08.2008	*Die Rolle der Vereinten Nationen und von Interpol bei der grenzüberschreitenden Verbrechensbekämpfung.* Dr. K. Ulrich Kersten, Präsident des Bundeskriminalamts a.D.

Datum	**Veranstaltungstitel und Referent/Referentin**
18.11.2008	*Ein Abend mit Hans-Dietrich Genscher – Gespräch mit dem früheren Außenminister und Vizekanzler.* Moderation: Andreas Tyrock (Chefredakteur des Bonner General-Anzeigers).
02.04.2009	*NRW-Interessen in Brüssel.* Hans H. Stein (Leiter der Vertretung des Landes NRW bei der Europäischen Union).
23.06.2009	*Macht und Ohnmacht der Regulierungsbehörde am Beispiel von Gas und Strom.* Matthias Kurth (Präsident der Bundesnetzagentur für Elektrizität, Gas, Telekommunikation, Post und Eisenbahnen).
29.10.2009	*Justiz in Deutschland am Beginn des 21. Jahrhunderts.* Prof. Dr. Klaus Tolksdorf (Präsident des BGH).
24.11.2009	*Recht im Labor – Vermindert die Strafaussetzung zur Bewährung das Rückfallrisiko?* Prof. Dr. Christoph Engel (Direktor am Max-Planck-Institut zur Erforschung von Gemeinschaftsgütern).
14.04.2010	*Entwicklung der Jugendkriminalität.* Prof. Dr. Torsten Verrel (Universität Bonn).
03.07.2010	*Jubiläumsveranstaltung 40 Jahre Bonner Juristisches Forum – Festvortrag „Juristisches Forum – wozu?".* Johannes Riedel (Präsident des OLG Köln).
18.11.2010	*Erfahrungen mit dem neuen Insolvenzrecht – Ziel verfehlt?* Prof. Dr. Heinz Vallender (Leiter der Insolvenzabteilung des AG Köln).
18.01.2011	*Bonns Zukunft aus der Sicht eines Journalisten.* Andreas Tyrock (Chefredakteur des Bonner General-Anzeigers).
06.04.2011	*Bürger in Aufruhr – Stuttgart 21 ein Modell?* Prof. Dr. Klaus F. Gärditz (Universität Bonn): Stuttgart 21 als Fanal – Die betroffene Öffentlichkeit als Herausforderung für Verwaltungsverfahren und Parlamentarismus; Prof. Dr. Tilman Mayer (Universität Bonn): Das Unbehagen in der politischen Kultur.
28.06.2011	*Sicherungsverwahrung* (Gemeinsame Vortrags- und Diskussionsveranstaltung mit ELSA Bonn). Prof. Dr. Torsten Verrel (Universität Bonn): Rechtsentwicklung und bisherige Entscheidungen; Prof. Dr. Klaus F. Gärditz (Universität Bonn): Analyse der BVerfG-Entscheidung vom 04.05.2011; Prof. Dr. Anke Rohde (Universität Bonn): Möglichkeiten der Therapie von dissizialen Gewalt- und Sexualstraftätern.
12.07.2011	*Der Verfassungsgerichtshof Nordrhein-Westfalen – Schwerpunkte der Judikatur und Arbeitsweise.* Prof. Dr. Wolfgang Löwer (Universität Bonn).
17.11.2011	*Wahrnehmung richterlicher Verantwortung im Konflikt.* VRinOLG Gabriele Ey.
19.01.2012	*Das Amt des Bundespräsidenten - Anforderungen, Anfechtungen, Anfeindungen.* RA Dr. Gernot Fritz.
02.05.2012	*Auf der Suche nach einem europäischen Konsens - Zur Rechtsprechung des europäischen Gerichtshofs für Menschenrecht.* Prof. Dr. Angelika Nußberger (Richterin am Europäischen Gerichtshof für Menschenrechte).
18.06.2012	*Antworten des Datenschutzes auf die Herausforderungen der digitalen Gesellschaft.* Peter Schaar (Bundesbeauftragter für Datenschutz und Informationsfreiheit).
21.11.2012	*Wettkampf im System - Private und öffentliche Abfallentsorgung.* Ludgera Decking (Geschäftsführerin der Rhein-Sieg Abfallwirtschaftsgesellschaft mbH).
06.12.2012	*Gerechtigkeit vs. Frieden - Menschenrechte als Grenzen staatlicher Souveränität?* Prof. Drm. Dr. h.c. Josef Isensee (Universität Bonn), Prof. Dr. Stefan Talmon LLM. M.A. (Universität Bonn).

Datum	**Veranstaltungstitel und Referent/Referentin**
27.05.2013	*Presse und Justiz.* Rolf Clement, Fred Apostel, Prof. Dr. Christian Hillgruber (Universität Bonn).
26.11.2013	*Bedrohung durch Islamismus/ Salafismus in Deutschland?* Burkhard Freier.
20.05.2014	*Sterben verboten!? Sterbehilfe in der straf- und zivilrechtlichen Praxis eines Rechtsanwalts.* RA Wolfgang Putz.
14.07.2014	*Soldat und Recht – Soldatenrecht.* Dr. Alexander Poretschkin.
22.10.2014	*Eine neue Architektur für die Verbraucherpolitik.* Parl. Staatssekretär Ulrich Kelber.
01.12.2014	*Das Streikrecht – Zeit für eine Neuausrichtung?* Prof. Dr. Gregor Thüsing LL.M. (Harvard).
27.04.2015	*„Elternrechte versus Kinderrechte“ – Zur neueren Kammerrechtsprechung des Bundesverfassungsgerichts in Kinderschutzfällen.* Prof. Dr. Klaus F. Gärditz (Universität Bonn), Juniorprofessorin Dr. Anne Sanders, M.Jur. (Oxford), RA Klaus Schnitzler, Direktorin des Amtsgerichts Birgit Niepmann und Richterin am OLG Rita Crynen.
26.08.2015	*Justitia quo vadis?* Präsidentin des Bundesgerichtshofs Bettina Limperg.
27.10.2015	*Bundesanstalt für Landwirtschaft und Ernährung (BLE).* LtdRDir Klaus Budde (BLE), LtdRDir Hans-Peter Berke (BLE).
30.10.2015	*Gefahren der E-Rechtskommunikation – Festveranstaltung anlässlich der 2. Verlängerung der Kooperationsvereinbarung zum Rheinischen Institut für Notarrecht.* Prof. Dr. Michael Meier (Universität Bonn): IT-Sicherheit — Ziele, Verfahren und Annahmen; Horst Samsel (BSI): Angemessene IT-Sicherheit in Geschäftsprozessen; Arik Wagner, Gelebte Daten und IT-Sicherheit — ein Erfahrungsbericht aus über 700 Notariatsbesuchen.
25.11.2015	*Männer und Frauen in juristischen Berufen – Gender equality or gender diversity? Podiumsdiskussion in Kooperation mit EL§A Bonn.* Podium: MinDirig. Dr. Werner Richter (Abteilungsleiter Personal und Recht, JM NRW), RAin Colette Rückert-Hennen (Vorstand IT, Marke und Personal, SolarWorld AG), RAin Dr. Gerlind Wisskirchen (Partnerin, CMS Hasche Sigle), Juniorprofessorin Dr. Anne Sanders (Universität Bonn), Vors. Richterin OLG Margarete Reske, (stellv. Vorsitzende des Deutschen Richterbundes NRW). Moderation: RA Martin Huff (Geschäftsführer der Rechtsanwaltskammer Köln).
20.01.2016	*TTIP – das transatlantische Freihandelsabkommen.* Prof. em. Dr. Wulf-Henning Roth, LL.M. (Harvard) (Universität Bonn).
25.02.2016	*Wirtschaftsstandort Bonn/Rhein-Sieg.* Dr. Hubertus Hille (Hauptgeschäftsführer der IHK Bonn/Rhein-Sieg).
12.04.2016	*Asyl- und Flüchtlingsrecht in der Praxis.* Raphael Murmann-Suchan (Vorsitzender Richter am VG Köln).
22.04.2016	*Entwicklung der Europäischen Union - Gibt es einen Ausweg aus der Krise?* Axel Voss MdEP.
07.07.2016	*Facebook, Twitter, Google, Youtube & Co. - Internetplattformen als Herausforderungen für das Urheberrecht.* Prof. Dr. Matthias Leister, LL.M. (Cambridge) (Universität Bonn).
18.10.2016	**Wettbewerbsrecht in der digitalen Welt.** Präsident des Bundeskartellamts Andreas Mundt.
14.06.2017	*Bürgerwerkstatt oder Runder Tisch - Wirkung früher Bürgerbeteiligungen bei öffentlichen Planungen und Großprojekten.* Prof. Dr. Wolfgang Durner (Universität Bonn).
17.10.2017	*Das Recht der Guten Werke: Ging Luthers Kritik am Ablasswesen fehl?* Prof. Dr. Mathias Schmoeckel (Universität Bonn).

Datum	Veranstaltungstitel und Referent/Referentin
16.11.2017	*Legal Tech - Kann der Computer den Juristen ersetzen?* Dr. Lars Bröcker.
18.06.2018	*Zerfall internationaler Ordnungen – Was kann deutsche Außenpolitik tun?* Dr. Norbert Röttgen MdB.
16.07.2018	*Der NSU-Prozess als Medienereignis – Die Probleme bei der Berichterstattung über Gerichtsverfahren.* Rolf Clement.
08.10.2018	*Gefängnis für Manager und Strafrecht für Unternehmen? – Kartellrechtliche Sanktionen in der rechtspolitischen Diskussion.* Prof. Dr. Konrad Ost (Vizepräsident des Bundeskartellamts).
18.01.2019	*Tagung "Legal Tech".* Notar Dr. Leif Böttcher, Notar Dr. Dominik Gassen, RA Tom Braegelmann.
22.02.2019	*Sicherung des unabhängigen Journalismus.* Axel Voss MdEP.
08.07.2019	*Arbeitszeit im Zugriff des Europarechts und andere Überraschungen aus Luxemburg.* Prof. Dr. Gregor Thüsing LL.M. (Havard).
11.07.2019	*Deutschland und Europa vor neuen Herausforderungen.* Alexander Graf Lambsdorff MdB.
05.11.2019	*5G als neue Dimension der Vernetzung in Industrie und Gesellschaft.* Dr. Wilhelm Eschweiler (Vizepräsident Bundesnetzagentur).
29.09.2020	*Die sittenbildende Funktion des Strafrechts am Beispiel der Cum-Ex-Verfahren vor dem Landgericht Bonn.* Präsident des LG Bonn Dr. Stefan Weismann.
16.12.2020	*Europäische Staatsanwaltschaft - Neue Wege in der Strafverfolgung.* Dr. Sebastian Trautmann, Oberstaatsanwalt und Abteilungsleiter in der Wirtschaftsabteilung der Staatsanwaltschaft Köln.
18.01.2021	*Datenschutz und Datensicherheit in Corona Zeiten.* Prof. Ulrich Kelber (Bundesbeauftragter für Datenschutz und Informationsfreiheit).
04.02.2021	*IT-Sicherheit im Spannungsfeld zwischen juristischen und technischen Anforderungen.* Thomas Rickert (Geschäftsführender Gesellschafter der Rickert Rechtsanwaltsgesellschaft), Prof. Thorsten Bonne (Gründer und Geschäftsführer der Litello GmbH).
09.03.2021	*Podiumsdiskussion „Tatort Internet - Das Spannungsfeld zwischen Meinungsfreiheit und Zensur“.* Prof. Dr. Clemens Albrecht (Universität Bonn), Rolf Clement, Carola Rienth (Google Deutschland), Markus Hartmann.
23.04.2021	*Tagung „Künstliche Intelligenz“ in Kooperation mit der Forschungsstelle für Rechtsfragen neuer Technologien sowie Datenrecht (ForTech).* Prof. Dr. Louisa Specht-Riemenschneider (Universität Bonn), Prof. Dr. Thomas Riehm (Universität Passau), Dr. Marek Jansen (Google Deutschland).

Datum	**Veranstaltungstitel und Referent/Referentin**
15.07.2021	*Herausforderungen der Rechtsordnung durch die Pandemie.* Staatsekretär Prof. Dr. Günter Krings: Gesetzgebung in der Pandemie; Prof. Dr. Mathias Schmoeckel (Universität Bonn): Die Pandemie und Notwendigkeit des Staats; Prof. Dr. David von Mayenburg (Universität Frankfurt): Der Vernunft entsprechende Gesetze - Die Rolle der Juristen bei der Bekämpfung der Pest und bei der Begründung der öffentlichen Gesundheitspflege; Dr. Malte Becker (Universität Bonn): Europa der Pandemie: Der Ausnahmezustand im Vergleich; Dr. Alexander Kustermann (Universität Bonn): Die Wirksamkeit der Schuldenbremse in Zeiten der Pandemie; Dr. Peter Stelmaszczyk (Bundesnotarkammer): Auswirkungen der Pandemie auf die vorsorgende Rechtspflege durch die Notare Europas; Prof. Dr. Jens Koch (Universität Bonn): Die Pandemie als Modernisierungsschub für das Aktienrecht; Prof. Dr. Gregor Thüsing (Universität Bonn): Krisen als Motor der Rechtsentwicklung: Geschäftsgrundlage und Pandemie; Prof. Dr. Foroud Shirvani (Universität Bonn): Staatshaftung im Lichte der Pandemie; Prof. Dr. Torsten Verrel (Universität Bonn): Verteilung knapper Behandlungsressourcen nach Dringlichkeit und Erfolgsaussicht – Kann das Transplantationsgesetz Vorbild für eine gerechte Zuteilung von Lebenschancen sein?; Prof. Dr. Stefan Greiner (Universität Bonn): Haftung im Homeoffice; Prof. em. Dr. Eberhard Schilken (Universität Bonn): Auswirkungen der Pandemie auf das Zivilverfahrensrecht.
13.09.2021	*Festveranstaltung zum 50. Jubiläum des BJF.* Justizminister des Landes NRW Herbert Reul, Prof Dr. Gregor Thüsing (Universität Bonn), Prof. Dr. Mathias Schmoeckel (Universität Bonn).

Konrad Redeker – Gründer, Jurist und Idealist

Konstantin Musolf

A. *Einleitung*

Im Jahre 2020 jährte sich die Gründung des Bonner Juristische Forums zum 50. Mal. Das umfasst eine beachtliche Zeit, die mit vielen interessanten Veranstaltungen und Persönlichkeiten gefüllt wurde. Denkt man an die Geschichte und besonders die Gründung des Bonner Juristischen Forums, kommt man nicht an einer zentralen Person vorbei, nämlich Dr. Konrad Redeker. Dieser prägte mit seinem Leben und Wirken nicht nur die Gründung und Entwicklung des Bonner Juristischen Forums, sondern er galt darüber hinaus vielen Juristen und Weggefährten als Vorbild und Inspiration. Seine wissenschaftliche und juristische Arbeit begründete entscheidende Teile des Staats- und Verwaltungsrechts der noch jungen Bundesrepublik. Hier soll ein wenig Licht auf das Leben dieses Mannes geworfen werden, der für die deutsche Rechtsentwicklung bedeutendes leistete.

B. *Aus dem Wüstensand in das Studium*

Konrad Redekers Einstieg in die juristische Laufbahn folgte keinem üblichen Lauf. Der junge Konrad Redeker wollte zunächst Musiker werden und spielte mit großer Leidenschaft Orgel. Die Leidenschaft zur Musik sollte ihn auch noch den Rest seines Lebens begleiten. Von Bekannten, Freunden und Familie wird er als virtuos und musikalisch veranlagter Mensch beschrieben, der auch gerne private Konzerte unter Kollegen und Freunden gab. Die Süddeutsche Zeitung schrieb anlässlich seines 80. Geburtstages: „Hätte er an der Orgel so penibel und so phantasievoll gearbeitet wie in der Juristerei - wir würden heute den 80. Geburtstag eines berühmten Bach-Interpreten feiern.“[1]seiner Karriere als Musiker wurde durch den zweiten Weltkrieg ein Ende gesetzt. Er wurde eingezogen und als Infanterie Soldat in Nordafrika eingesetzt. Eine Kriegsverletzung

1 Vgl. Prantl, Der Herr des Rechtswegs, Süddeutsche Zeitung v. 21.06.2003, S. 9.

an den Beinen zerstörte den Traum der weiteren Karriere als professioneller Musiker. Im Kriegsgefangenenlager in Ägypten lernte der junge Konrad Redeker Hans Ulrich Scupin (1903-1990) kennen. Scupin, der neben Rechtswissenschaften, auch ein naturwissenschaftliches und philosophischen Studium ablegte, habilitierte sich 1938 an der juristischen Fakultät der Breslauer Universität und übernahm 1940 als Privatdozent in Greifswald eine erste Lehrstuhlvertretung für Öffentliches Recht und Rechtsphilosophie. Ein Jahr später wurde Scupin zum außerordentlichen und 1944, noch während des Kriegsdienstes, zum ordentlichen Professor in Posen ernannt. Auch Scupin gelangte in Nordafrika in Kriegsgefangenschaft.[2] Zu Redekers Glück organisierte Scupin unter den jungen Kriegsgefangenen in Afrika bis zu seiner Entlassung 1947 einen improvisierten Vorlesungsbetrieb. Es spricht für die wissenschaftlichen und didaktischen Fähigkeiten Scupins, dass er vollkommen ohne Lehrbücher und Materialien einen funktionierenden Lehrbetrieb aufbaute. Der junge Redeker schaffte es, trotz Verletzung und ohne Materialien, sich in diese neue Thematik einzuarbeiten, sodass er nicht nur nach dem Krieg das Studium der Rechtswissenschaft aufnahm, sondern sogar zwei Semester aus dem Lehrbetrieb in Ägypten angerechnet bekam. Nach nur vier Semestern Studium in Hamburg legte er sein erstes juristisches Staatsexamen ab. Sein Referendariat verbrachte Redeker bei dem renommierten Strafrechtler Hans Dahs sen. (1904-1972)[3], mit welchem er, nach seiner Zulassung zum Anwalt und seinem zweiten Staatsexamen 1954, eine gemeinsame Sozietät gründen sollte.[4] Die Kanzlei Redeker-Sellner-Dahs besteht noch heute, umfasst um die hundert Anwälte und ist international tätig.

Seine Dissertation reichte Konrad Redeker mit dem Titel „Das Problem der dritten Rechtsquelle - Die Entstehung von Recht ohne Setzung oder Gewohnheit" 1951 an der Universität Hamburg bei Rudolf (von) Laun (1882-1975)[5] ein. Laun war bekannt für seine kompromisslose Haltung gegenüber den Nationalsozialisten, später allerdings ebenso gegenüber den Alliierten Besatzungsmächten. Laun entwickelte die Lehre von der Autonomie des Rechts. So wäre Recht nicht willkürlich vom Gesetzgeber

2 Achterberg/Krawietz/Wyduckel (Hrsg.): Recht und Staat im sozialen Wandel, Festschrift für Hans Ulrich Scupin zum 80. Geburtstag, Berlin 1983.

3 Schmoeckel (Hrsg.), Die Juristen der Universität „Dritten Reich", Köln 2004.

4 Bender (Hrsg.), Stationen des Lebens von Konrad Redeker, in: Bernd Bender (Hrsg.): Rechtsstaat zwischen Sozialgestaltung und Rechtsschutz - Festschrift für Konrad Redeker zum 70. Geburtstag, München 1993, S. 3 ff.

5 Biskup, Staatsrechtslehrer zwischen Republik und Diktatur: Rudolf Laun (1882–1975), Hamburg 2010 (zugleich Diss. jur. Hamburg 2010).

auf Papier zu normieren, sondern würde sich innerlich, im freiwilligen Gehorsam, dem Pflichtgefühl und der sittlichen Billigung der Adressaten des Gesetzes wiederfinden. So müssten sich Staat, Gesetz und Machthaber diesen Gehorsam und diese Legitimierung durch das Volk - durch das autonome Recht der Bürger - immer wieder aufs Neue verdienen. Das positive Recht, trete somit hinter dem autonomen Recht zurück.[6] Aufgabe der Wissenschaft wäre es „(...) die Machthaber bei allen Völkern und in allen Staaten zu lehren: Das Recht ist nicht in papierenen Gesetzen und Verträgen, auch nicht in Zuchthaus- und Höllenstrafen. Das Recht ist in die Sittlichkeit, das Recht ist in den Herzen der Menschen."[7]

Auch nach 1933 blieb Laun bei dieser Lehre und sollte, wie seine Schüler es später beschrieben, nur durch ein Wunder den Fängen der GeStaPo entgangen sein.[8] Laun setzte diesen Maßstab nach dem Krieg ebenso gegenüber den Alliierten und besonders den Nürnberger Prozessen an: Jedes zukünftige positive Recht müsse darauf geprüft werden, ob es auch Recht (gerecht) im anderen Sinne wäre.[9]

In seiner Dissertation ging Redeker in eine ähnliche Richtung, welche ihn auch noch später im Leben begleiten sollte. Redeker beschäftigte sich in ihr mit dem normativen Recht des Faktischen.[10] Der Begriff wurde in der Rechtsprechung nach 1945 verwendet, um zum Beispiel staatsrechtliche Handlungen zwischen 1933-1945, wie etwa die Aufhebung der Weimarer Verfassung, die durch die üblichen juristischen Begründungen nicht legitimiert werden können, zu erklären. Dies läge daran, dass bisher angenommen wurde, alles positive Recht aus den geltenden Gesetzen oder dem Gewohnheitsrecht ablesen zu können. Die staatsrechtlichen Umwälzungen zwischen 1933-1945 wären auf diese Weise jedoch nicht erklärbar. Redeker befasste sich in seiner umfangreichen und anspruchsvollen Dissertation mit der Frage, ob es daher noch eine dritte Quelle neben Setzung und Gewohnheit geben könne, aus der sich positives Recht erschließen lasse. Er untersuchte dabei insbesondere, ob das sogenannte Faktische

---

6 Laun, Recht und Sittlichkeit, 3. Auflage, Berlin 1935, S. 28.

7 Vgl. Laun, Recht und Sittlichkeit, 3. Auflage, Berlin 1935, S. 28.

8 Bender (Hrsg.), Stationen des Lebens von Konrad Redeker, in: Bernd Bender (Hrsg.): Rechtsstaat zwischen Sozialgestaltung und Rechtsschutz - Festschrift für Konrad Redeker zum 70. Geburtstag, München 1993.

9 Bender (Hrsg.), Stationen des Lebens von Konrad Redeker, in: Bernd Bender (Hrsg.): Rechtsstaat zwischen Sozialgestaltung und Rechtsschutz - Festschrift für Konrad Redeker zum 70. Geburtstag, München 1993.

10 Redeker, Das Problem der dritten Rechtsquelle, Diss. jur. Hamburg 1951 (unveröffentlicht).

eine solche Quelle darstellen könne, also wie zum Beispiel der Jurist Carl Schmitt meinte, dass Souverän derjenige sei, der über den Ausnahmezustand entscheiden würde, die Macht also tatsächlich ergreift. Redeker kam zu dem Fazit, dass es neben der Setzung und Gewohnheit von positivem Recht schließlich noch die Kompetenzanmaßung gibt. Darunter würden alle Vorgänge fallen, „welche neues positives Recht über Einsetzung, Perpetuieren und Rechtsstellung des Trägers der Kompetenzenhoheit entgegen oder ohne bestehendes positives Recht aufstellen und damit auf die staatsbürgerlichen Rechts- und Pflichtenverhältnisse der Angehörigen der Gemeinschaft einwirken wollen."[11] Beispiele für solche Vorgänge wären Revolutionen und Staatsstreiche.[12]

Redeker lehnte in seiner Dissertation unter anderem auch die Lehren des bereits genannten Juristen Carl Schmitt ab. Schmitt gilt als einer der größten juristischen Unterstützer der Nationalsozialisten und legitimierte 1934 in seinem Aufsatz „Der Führer schützt das Recht"[13] die Selbstermächtigung Adolf Hitlers bei dem sogenannten „Röhm-Putsch". Redeker befasst sich intensiv mit Schmitt und analysiert seine juristischen Lehren. Schmitt stelle die „Legalität", unter der er die Gesetzgebung durch Parlamente verstünde, der „Legitimität" gegenüber, unter welcher er die Gesetzgebung durch Volksplebiszit fassen würde. Redeker bemerkte hierzu, dass besonders die Eingrenzung der Legalität auf die Gesetzgebung durch Parlamente eine vollkommen willkürliche Handlung wäre, die auch nur bei Schmitt zu finden wäre. Diese mangelhafte Gegenüberstellung habe wohl auch Schmitt bemerkt und so formuliere er das Legale als das „nur Formale", während das Legitime „die Anerkennung substanzhafter Inhalte und Kräfte des deutschen Volkes" sei. Redeker bemerkte hierzu, dass es sich immer noch um verschwommene und unzureichende Begriffe handeln würde. Eine greifbare Definition des Legitimen finde sich erst in dem bereits genannten Aufsatz Schmitts „Der Führer schützt das Recht". Schmitt schrieb dort, dass die „liberale Jurisprudenz" mit ihrem Gesetzespositivismus den Führerbefehl als „nachträglich zu legalisierende und indemnitätsbedürftige Massnahme (sic!) des Belagerungszustandes" verstehen müsse. Weiterhin begründe sich diese Legitimität des Führerbefehls

---

11 Vgl. Redeker, Das Problem der dritten Rechtsquelle, Diss. jur. Hamburg 1951 (unveröffentlicht), S. 148.

12 Redeker, Das Problem der dritten Rechtsquelle, Diss. jur. Hamburg 1951 (unveröffentlicht).

13 Der Führer schützt das Recht, DJZ vom 1. August 1934, Heft 15, 39. Jahrgang, Spalten 945 – 950.

auf „dem Lebensrecht des Volkes".[14] Auch hier verwies Redeker auf die fehlende Definition des „Lebensrechts des Volkes" und wie sich daraus ein verbindlicher Befehl ableiten lasse.[15] Redeker behandelte und kritisierte damit sehr früh nach dem Krieg einen der wichtigsten Juristen des Nationalsozialismus, der es geschafft hatte durch einfache Setzung von „Fakten", den Nationalsozialismus und seine Pervertierung des Gesetzespositivismus juristisch zu legitimieren.[16]

Zwei Sätze sollen hier noch beispielhaft für die Relevanz Redekers Dissertation aufgeführt werden:

„In dem Maße freilich, wie die Erörterungen darüber aus der Literatur verschwinden, wie die „vorschnelle Restauration des Positivismus" sich durchsetzt, wächst die Gefahr, daß die durch das geschichtliche Geschehen der letzten Jahrzehnte ebenso wie durch die Rechtswissenschaft selbst aufgeworfenen Probleme durch resigniertes Beiseitelegen erledigt werden, statt sie als Forderung an Vernunft und Verstand immer erneut aufzugreifen. Eine Gemeinschaft, die das suchen nach der Wahrheit über den sogenannten praktischen Fragen des Lebens vergißt, gibt sich damit selbst auf."[17]

Redeker appellierte also an die Juristen, dass Gesetz eben nicht als gesetzt anzusehen, sondern es dauerhaft zu überdenken und zu diskutieren. So hätte gerade die Rechtswissenschaft durch die juristische Legitimierung des Nationalsozialismus und die Festigung dessen, durch einem zum absoluten gehorsam verpflichtenden Gesetzespositivismus Probleme aufgeworfen, die sie nun selber wieder revidieren muss. Ein Vergessen dieser Problematik unter dem Vorwand des Positivismus wäre hingegen fatal. Es ist bezeichnend für Redekers Rechtsverständnis und Stringenz, dass er dreizehn Jahre später genau dieses „resignierte Beiseitelegen" ein weiteres Mal thematisieren sollte, diesmal in einem Aufsatz für die „Neue Juristische Wochenschrift".[18] Ein weiterer wichtiger Satz aus Redeker Dis-

---

14 Vgl. Der Führer schützt das Recht, DJZ vom 1. August 1934, Heft 15, 39. Jahrgang, Spalte 947.

15 Redeker, Das Problem der dritten Rechtsquelle, Diss. jur. Hamburg 1951 (unveröffentlicht), S. 113 f.

16 Becker, Notverordnung und Decreto-Legge - Der Ausnahmezustand in der Verfassungstradition Deutschlands und Italiens, Mohr-Siebeck, Tübingen 2020.

17 vgl. Redeker, Das Problem der dritten Rechtsquelle, Diss. jur. Hamburg 1951 (unveröffentlicht) S. 139 f.

18 Redeker, Bewältigung der Vergangenheit als Aufgabe der Justiz, NJW 1964, Heft 24, S. 1097 ff.

sertation stammt aus seinem Fazit und behandelt die Strafbarkeit der Kompetenzanmaßung als Rechtssetzungsakt:

„Nur die gelungene Revolution führt als Kompetenzanmaßung zur Regelsetzung, die mißglückte dagegen nicht, Ihre Träger fallen deshalb unter die Strafbestimmungen des bisherigen positiven Rechts. Gelingen oder Mißlingen entscheidet also über die Rechtswidrigkeit und damit über die Strafbarkeit.“[19]

Dieses Urteil Redekers wirkt heute vor dem Hintergrund der sogenannten Reichsbürger oder vor den Aufrufen zum Umsturz „des Systems“ durch linke Gruppierungen beängstigend, unterstellt es doch den rechtsradikalen Protestanten, die den Reichstag stürmten und ein neues System installieren wollten[20] nur eine Strafbarkeit, da sie in ihrem Ziel versagten. Doch vor dem Hintergrund der Erfahrungen des jungen Redekers und Deutschlands im Dritten Reich, wird dieser Standpunkt durchaus nachvollziehbar und anhand des oben genannten Beispiels erschreckend aktuell.

C. *Redeker und das öffentliche Recht*

Redekers Kerngebiet war das öffentliche Recht, mit diesem Interesse prägte er auch seine Kanzlei bis heute. Als Fachanwalt erschloss er das Staats- und Verwaltungsrecht im Nachkriegsdeutschland. Zu seinen Entdeckungen gehört besonders Art. 19 Abs. 4 GG: "Wird jemand durch die öffentliche Gewalt in seinen Rechten verletzt, so steht ihm der Rechtsweg offen.“ Das Gebot des effektiven Rechtsschutzes, das für heutige Studenten fast selbstverständlich in Kommentaren erläutert und diskutiert wird, wurde von Redeker erst bearbeitet und aufbereitet.[21] So ließ der Wiederaufbau nach dem Krieg viele Rechtsfragen offen, die durch neue Gesetze und Regelungen geklärt werden sollten und erst wissenschaftlicher Erschließung bedurften.[22]

Aber Redeker ging es immer um mehr als nur die wissenschaftliche Seite. Für ihn ging es als Rechtsanwalt auch darum, das Recht anzuwen-

---

19 Vgl. Redeker, Das Problem der dritten Rechtsquelle, Diss. jur. Hamburg 1951 (unveröffentlicht) S. 170.

20 Corona-Skeptiker stürmen durch Absperrung auf Treppe des Reichstags, in: FAZ.NET, 29.08.2020, Abgerufen am 7. Mai 2021.

21 Prantl, Der Herr des Rechtswegs, Süddeutsche Zeitung v. 21.06.2003, S. 9.

22 Redeker, Das Problem der dritten Rechtsquelle, Diss. jur. Hamburg 1951 (unveröffentlicht).

den. 1976 vertrat er den Bundesjustizminister vor dem Bundesverfassungsgericht im Prozess um die Reform des Ehescheidungsgesetzes, welcher u.a. das sog. Verschuldensprinzip verwarf.[23] Und auch in der Flick-Affäre war Redeker in den Prozess maßgeblich eingebunden. In der diesem Skandal ging es darum, dass mehrere hochrangige Politiker aus allen im damaligen Bundestag vertretenen Parteien „Parteispenden" von dem Flick-Konzern erhalten hatten und der Konzern dafür im Gegenzug eine Steuerbefreiung für ein Aktiengeschäft in Höhe von mehreren Hundert Millionen Mark erhalten hatte. In diesem Prozess vertrat Konrad Redeker die Bundesrepublik. Das Verfahren endete nach eineinhalb Jahren mit mehreren Urteilen wegen Steuerhinterziehung, Beihilfe, Bestechung und Bestechlichkeit, sowie dem Rücktritt mehrerer Politiker.[24]

Konrad Redekers Kanzlei agierte ferner in der „Spiegel-Affäre" von 1961/1962 mit der Verteidigung von Rudolf Augstein.[25] Noch nach der Wiedervereinigung vertrat er mehrere Fernsehsender vor dem Bundesverfassungsgericht für die Rundfunkfreiheit der Fernsehberichterstattung, als sich diese gegen ein Verbot der Fernsehaufnahmen vom Honecker-Prozess wehrten.[26] Redeker vertrat weiterhin das Land Hessen und den Ministerpräsidenten Roland Koch im Wahlprüfungsverfahren zur Gültigkeit der Landtagswahl von 1999. Redeker war somit an vielen bedeutenden Prozessen der jungen Bundesrepublik in führenden Positionen beteiligt.

D. Mehr als nur Jurist

Schon an den genannten Prozessen kann man ermessen, dass Konrad Redeker seinem Beruf all seine Kraft widmete und dass es ihm nicht nur als die Pflicht eines Anwalts erschien, sondern auch ein persönliches Anliegen war, die bedrohten Rechte durchzusetzen. Zwei weitere Beispiele zeugen von diesem persönlichen Anspruch in besonderer Weise:

Als erstes Beispiel lässt sich der schon erwähnte Aufsatz „Bewältigung der Vergangenheit als Aufgabe der Justiz" heranziehen. Dieser am 11. Juni

---

23 Schmoeckel (Hrsg.), Historisch-kritischer Kommentar zum BGB: Band IV Familienrecht, §§ 1564-1568b, Rn. 60, Tübingen 2018.

24 Leuschner, Die Flick-Affäre (Memento vom 23. August 2009 im Internet Archive), In: Geschichte der FDP. Metamorphosen einer Partei zwischen rechts, sozialliberal und neokonservativ, Münster 2005.

25 Dokumentation - Die Kosten trägt die Bundeskasse, Artikel vom 25.5.1965, in: DER SPIEGEL 22/1965.

26 Prantl, Der Herr des Rechtswegs, Süddeutsche Zeitung v. 21.06.2003, S. 9.

1964 in der „Neuen Juristischen Wochenschrift" veröffentlichte Aufsatz ist auch heute noch mehr als lesenswert. Er behandelt kritisch die Rolle der Justiz und Verwaltung während der NS-Zeit. Besonders der Führerbefehl ist Mittelpunkt der Arbeit, der von, dem Nationalsozialismus nahestehenden Juristen als gesprochenes positives Recht ausgelegt wurde. Die bereits geltende Rechtsordnung habe sich daher dem Führerbefehl unterzuordnen. Durch diese Einordnung des Führerbefehls vereinten die Juristen in Adolf Hitler Legislative und Exekutive, da so Verordnung und Gesetz vereint wurden. Auf diese Weise wurden bereits früh nach der Machtergreifung der Nationalsozialisten die ersten Legitimationen geschaffen, um geltendes Recht wie etwa §§ 211, 212 StGB dem Führerbefehl unterzuordnen. Die Euthanasie und viele andere Justizmorde, die unter dem Deckmantel des Gehorsams zum Führerbefehl durchgeführt wurden, konnten so im Nationalsozialismus scheinbar juristisch gerechtfertigt werden. Redeker griff diese Auffassung auf und widerlegte sie mit dem Argument, dass sie schon daran scheitern würde, dass ein Gesetz verkündet werden müsse, „weil sie (die Verkündung) erst ermöglicht, daß ein Normsetzungsakt durch Akzeptation seitens der Rechtsunterworfenen zum positiven Recht werden kann."[27] Führerbefehle, wie etwa der sogenannte „Euthanasie-Befehl" von 1939[28] wurden allerdings nicht verkündet. Vielmehr handelte es sich oft um geheime Anordnungen Adolf Hitlers. Durch solche geheimen Führerbefehle, entstand bald ein Doppelstaat, in dem neben dem Ordnungsstaat, dessen Handlungen durch Gesetze voraussehbar, planmäßig und kontrolliert, letztlich also gerecht waren, ein sogenannter Maßnahmenstaat trat. In ihm konnte allein schon durch das mündliche Wort des Führers, geltendes Recht außer Kraft gesetzt oder abgeändert werden.[29] Redeker führt daher weiter aus, dass die staatsrechtliche Praxis von dieser Lehre des Führerbefehls als positive Normsetzung im Maßnahmenstaat ausgegangen wäre und somit dem „Doppelstaat" legitimiert hätten.

Besonders die Einordnung des Verhältnisses des Führerbefehls zum Polizeirecht durch den Staats- und Verwaltungsrechtler Theodor Maunz

27 Vgl. Redeker, Bewältigung der Vergangenheit als Aufgabe der Justiz, NJW 1964, Heft 24, S. 1097.

28 Das Schreiben Hitlers im Order „to Bouhler and Dr. Karl Brandt to increase the authority of physicians to perform euthanasia",Memento vom 26. Mai 2012 im Webarchiv archive.today, Nürnberger Dokument PS-630.

29 Schmoeckel, Auf der Suche nach der Suche nach der verlorenen Ordnung. 2000 Jahre Recht in Europa - ein Überblick, Köln 2005.

(1901-1993)[30] stellt Redeker ausführlich dar. Maunz schrieb in seinem Aufsatz „Neue Grundlagen des Verwaltungsrechts“ unter anderem, dass Polizeibeamte dem Führerbefehl bedingungslos Gehorsam zu leisten hätten, da der Führerbefehl aus sich selbst heraus das für die befohlene Maßnahme erforderliche Gesetz schaffen würde. Ein Zuwiderhandeln gegen den Führerbefehl, wäre demnach grundsätzlich schon ein Dienstvergehen.[31] Allerdings führt Redeker auch aus, dass Maunz mit dieser Aussage alles andere als alleine stand. Vielmehr waren es viele Juristen, nicht nur die, in den obersten Ämtern des Verwaltungs- und Justizapperates, sondern auch aus der Wissenschaft und anderen Berufsfeldern, die das nationalsozialistischen Regime „zu unbegrenzter Willkür ermutigt“[32] hätten. Redekers Kernthese ist, dass der Unterschied der Mordbefehle Hitlers zu den Mordbefehlen anderer Diktaturen und Regime darin lag, dass es dem dritten Reich notwendig erschien, die Gräueltaten staatsrechtlich zu legitimieren. Zu dieser Aufgabe bereitstehende Juristen hätten sich in großer Zahl gefunden. So wäre es um so schwerer gefallen, den Mordbefehlen der nationalsozialistischen Spitze zu widersprechen, da diese ja als juristisch gerechtfertigt erschienen. Es ist daher Redeker Plädoyer, dass die „Perversion des Rechts“[33] während des dritten Reiches nicht nur den bekannten Namen wie Roland Freisler (1893-1945)[34] anzulasten wäre, sondern ganz besonders auch der Justiz und den Juristen generell. Man müsse sich daher auf die Grundlagen des Rechts besinnen, um den Juristen am besten schon in der Ausbildung das überpositive Recht verständlich werden zu lassen. Es dürfe nicht wieder geschehen, dass die Juristen dem kruden Rechtsdenken der Nationalsozialisten nichts entgegenzusetzen haben.[35]

Redekers Aufsatz schlug in der juristischen Welt große Wellen. Er begründete damit die kritische Aufarbeitung der Rechtslehre des Nationalsozialismus. Theodor Maunz[36] musste nach der Veröffentlichung des

---

30 Klee, Das Personenlexikon zum Dritten Reich - Wer war was vor und nach 1945, 2. aktualisierte Auflage, Frankfurt am Main 2005.

31 Maunz, Neue Grundlagen des Verwaltungsrechts, Der deutsche Staat in der Gegenwart, Heft 9.

32 Vgl. Redeker, Bewältigung der Vergangenheit als Aufgabe der Justiz, NJW 1964, Heft 24, S. 1099.

33 Vgl. NJW 1964, Heft 24, S. 1100.

34 Buchheit, Richter in roter Robe. Freisler, Präsident des Volksgerichtshofes, München 1968.

35 Redeker, Bewältigung der Vergangenheit als Aufgabe der Justiz, NJW 1964, Heft 24, S. 1097 ff.

36 Stolleis, Recht im Unrecht. Studien zur Rechtsgeschichte im Nationalsozialismus, Frankfurt am Main 2006.

Aufsatzes von seinem Amt als bayrischer Justizminister zurücktreten, da die von Redeker zitierten Textstellen, dem nationalsozialistischen System erheblichen Vorschub leisteten. Die staatsrechtliche Legitimation des Führerbefehls durch Maunz, als einen der führenden Juristen der Zeit, gab vielen Beamten eine juristische Begründung, Befehlen blind zu gehorchen. Ebenso nahm er Beamten mit Zweifeln an der uneingeschränkten Befehlskraft des Führerbefehl ihre staatsrechtliche Grundlage und stellte sie über dies hinaus ins Unrecht. Diese nationalsozialistische Vergangenheit sollte Maunz mit dem Aufsatz von Konrad Redeker einholen.[37] Nach Maunz' Tod wurde zudem bekannt, dass dieser noch einige Jahre für die rechtsradikale National-Zeitung anonym Artikel veröffentliche.[38]

Mit diesem Aufsatz schrieb sich Konrad Redeker „die Seele vom Leib", wie dies Kollegen berichten. Es sei ihm ein ganz persönliches Anliegen gewesen, die Juristen der Bundesrepublik zum Nachdenken über die Grundlagen des Rechts und das überpositive Recht zu bringen. Diese Intention zieht sich durch seine gesamte juristische Arbeit von der Dissertation über die Aufsätze bis zu Gründung des Bonner Juristischen Forums.

Bei dem zweiten Beispiel handelt es sich um die berühmte Kießling-Affäre: 1983 wurde dem westdeutschen Vier-Sterne-General Günther Kießling, empor gebracht durch Gerüchte innerhalb des militärischen Abschirmdienstes, Homosexualität vorgeworfen.[39] Was heute kein Delikt und kaum noch ein Problem oder Diskussionsthema darstellt, galt 1983 nach dem Amt für Sicherheit und Abwehr als ein Sicherheitsrisiko für die Bundeswehr. Immerhin galt bis zum 11. Juni 1994 noch der § 175 StGB, der sexuelle Handlungen zwischen Personen männlichen Geschlechts unter Strafe stellte.[40] So wäre Kießling durch seine angebliche Homosexualität erpressbar und nicht mehr für den Dienst geeignet. Kießling ersuchte auf Grund einer mehr als dürftigen Beweislage, die sich auf Zeugenaussagen aus verschiedenen Kneipen stützte (wie sich später herausstellte handelte es sich um Verwechslungen), Konrad Redeker als Rechtsbeistand und General a.D. Ulrich de Maizere als militärischen Vermittler. Es ist besonders der unnachgiebigen juristischen Arbeit Konrad Redekers zu verdanken, dass die Anschuldigungen gegen Kießling einerseits in Gänze fallen gelas-

37 Guter treuer Menschenstoff – Bayerns Kultusminister kapituliert vor der Beharrlichkeit einer Frau, in: Der Spiegel, Nr. 30/1964, S. 32 f.

38 „Ich bin nicht nur wütend", in: Der Spiegel, Nr. 42/1993, S. 33 f.

39 Wörner - »der Lächerlichkeit preisgegeben«, Artikel v. 29.1.1984, in: DER SPIEGEL 5/1984.

40 Beljan, Rosa Zeiten? Eine Geschichte der Subjektivierung männlicher Homosexualität in den 1970er und 1980er Jahren der BRD, Bielefeld 2014.

sen und Kießling andererseits wieder in den Dienst aufgenommen wurde, aus dem er dann kurz später ehrenhaft entlassen wurde. Auch dieser Prozess zeugt von Redekers besonderem Engagement bei allem was er tat.

E. Deutscher Juristentag

Konrad Redekers Interesse galt nicht nur an der Rechtswissenschaft als Wissenschaft und in der Praxis, sondern auch ihrem Stellenwert in der Gesellschaft und der Politik. Dies äußerte sich zunächst im Deutschen Juristentag. Redeker war von September 1964 bis September 1976 Mitglied und von September 1966 bis September 1970 Vorsitzender der Ständigen Deputation (des Vorstands) des Deutschen Juristentages. In dieser Funktion wurde er Nachfolger von Ernst Friesenhahn (1901-1984)[41], dem Bonner Staatsrechtler und langjähriger Richter des Bundesverfassungsgerichts, Präsident des 44. 45. und 46. Juristentage 1962, 1964 und 1966. Er war weiterhin Präsident des 47. Deutschen Juristentages 1968 in Nürnberg und des 48. Deutschen Juristentages 1970 in Mainz. Auf den von ihm geleiteten Juristentagen wurden größtenteils hochbrisante Themen von erheblicher rechtspolitischer Bedeutung behandelt (Sexualstrafrecht, Produzentenhaftung, Dissenting Opinion, Soziale Sicherung der nicht berufstätigen Ehefrau beim 47. DJT sowie Ehescheidungsrecht, Strafvollzugsgesetz, Beamtenrecht und Juristenausbildung beim 48. DJT). Redeker bereicherte die Arbeit des Deutschen Juristentages in vielfältiger Weise und professionalisierte sie, z. B. durch die Einrichtung einer Geschäftsstelle in Bonn, wo der Verein bis heute seinen Sitz hat und der Bestellung eines hauptamtlichen Sekretärs (heute Generalsekretärs). Während seiner Amtszeit wuchs die schon unter Friesenhahn erheblich gewachsene öffentliche Wahrnehmung des Deutschen Juristentages deutlich. Die Mitgliederzahl stieg in Amtszeit von knapp 2.900 im September 1966 auf gut 5.000 im September 1970. Die Zahl der Teilnehmer an Deutschen Juristentagen lag 1970 mit rund 3.100 erheblich über den Zahlen früherer Jahre, in denen höchstens 2.000 Teilnehmer zu verzeichnen waren.

Als Deputationsmitglied unterstützte Redeker 1966 das Bestreben von Friesenhahn, die Probleme bei der Verfolgung und Ahndung nationalso-

41 Meyer, Ernst Friesenhahn (1901-1984), in: Häberle/ Kilian/Wolff (Hrsg.): Staatsrechtslehrer des 20. Jahrhunderts. Deutschland, Österreich, Schweiz, 2. Auflage, Berlin/Boston 2018; zum Deutschen Juristentag s. Conrad/Dilcher/Kurland, Der Deutsche Juristentag: 1860–1994, München 1997.

zialistischer Gewaltverbrechen zu thematisieren. Er befürwortete - gegen den Widerstand anderer Mitglieder - die Einsetzung und Durchführung einer Arbeitsgruppe, der „Königssteiner Tagung“, zum Thema und wirkte in ihr mit. Friesenhahn machte die Problematik in einer vielbeachteten Sonderveranstaltung des 46. Deutschen Juristentags Essen öffentlich, und stellte selbst die Ergebnisse der Königssteiner Tagung vor.[42] Redeker beteiligte sich an dieser Veranstaltung mit einem Kurzreferat zum Thema „Individualschuld und Mitverantwortung von Staat und Gesellschaft.“[43] In diesem Zusammenhang sei erwähnt, dass Redeker sich nachhaltig für die Aufarbeitung der Schicksale jüdischer Anwälte nach 1933 einsetzte.

Sein Einsatz für die Juristenschaft allgemein hat konsequent auch dazu geführt, dass Redeker zu den Gründungsmitgliedern des Bonner Juristischen Forums gehörte. Dies lag umso näher, als der Deutsche Juristentag e.V. 110 Jahre zuvor im Jahr 1860 aus der Juristischen Gesellschaft zu Berlin e. V. heraus entstanden war.

Sein vielfältiges Engagement für den Deutschen Juristentag und die Juristen insgesamt haben dazu geführt, dass Redeker im Jahr 1986 zum – seit Jahren einzigen – Ehrenmitglied des Deutschen Juristentages gewählt wurde. In dieser Funktion hat er nahezu 20 Jahre regelmäßig an Sitzungen der Ständigen Deputation teilgenommen und so die Tätigkeit des Deutschen Juristentages e. V. weiterhin bereichert, unter anderem durch die Übernahme von Abteilungsleitungen und Referaten bei vielen weiteren Juristentagen.[44]

F. Gründung des Bonner Juristischen Forums

Auch nach dem Deutschen Juristentag führte Redeker sein Interesse an der Rechtspolitik weiter. Die Idee zur Gründung des Bonner Juristischen Forums (bzw. der Bonner Rechtspolitischen Vereinigung) geht maßgeblich auf Konrad Redeker zurück. Nach einigen Gesprächen und planenden Sitzungen mit anderen Juristen aus verschiedensten Bereichen, wurde am 28. Januar 1970 die Bonner Rechtspolitische Vereinigung gegründet. In

42 Meyer, Ernst Friesenhahn (1901-1984), in: Häberle/ Kilian/Wolff (Hrsg.): Staatsrechtslehrer des 20. Jahrhunderts. Deutschland, Österreich, Schweiz, 2. Auflage, Berlin/Boston 2018.

43 Tätigkeitszusammenfassung von Dr. Konrad Redeker auf Anfrage beim Deutschen Juristentag.

44 Tätigkeitszusammenfassung von Dr. Konrad Redeker auf Anfrage beim deutschen Juristentag.

der Pressemitteilung im General-Anzeiger heißt es „angesichts der sich immer stärker zeigenden Notwendigkeit, das Recht den veränderten Zeitläufen anzupassen oder neue rechtliche Formen zu finden, werden die nächsten Jahre für die Juristen insbesondere von Fragen und Entwicklungen der Rechtspolitik bestimmt sein".[45] Vor dem Hintergrund einer stetig voranschreitenden Globalisierung und der Digitalisierung,[46] hat diese Aussage auch heute noch seine Gültigkeit.

Neben dem Beitrag von Wolfgang Heyde zur Geschichte des Bonner Juristischen Forums in dieser Festschrift, ist noch Platz für eine kleine Anmerkung hierzu. Kurz nach der ersten Veranstaltung am 28. April 1970 mit anschließender Mitgliederversammlung, veröffentlichten einige „kritische Nachwuchsjuristen" am 2. Mai 1970 im General Anzeiger einen Leserbrief unter dem Titel „Reformen sollen verhindert werden". Sie kritisierten einerseits, dass die anwesenden Juristen allesamt dem „gehobenen Establishment" angehören würden, also Professoren, hohe Richter, Erfolgsanwälte wären. Weiterhin hätte man die Studenten durch eine einstimmige Abstimmung der Mitglieder aus der Versammlung hinausgeworfen, als diese über die Ziele und das Selbstverständnis der Vereinigung diskutieren wollten. Lediglich einige junge Referendare aus rechtsradikalen Studentenverbindungen hätte man weiter die Anwesenheit gestattet. Somit wäre es den studentischen Kritikern um Theo Rasenhorn[47] klar, dass nur unter dem Anschein der Progressivität Reformen verhindert werden sollen.[48] Nicht klar wurde dabei, ob dies im rechtspolitischen Themenfeld allgemein oder speziell im Bonner Juristischen Forum gelten sollte.

Die Antwort auf diesen kritischen Leserbrief folgte schnell und bereits am 4. Mai schickte der Vorsitzende Kai Bahlmann Konrad Redeker einen ersten Entwurf mit der Bitte, diesen noch einmal durchzusehen. So würden die „kritischen Nachwuchsjuristen" gerne auf den Veranstaltungen gesehen und dürften sich auch gerne an Diskussionen beteiligen. Allerdings müssten Studenten von den Mitgliederversammlungen fernbleiben, da ihnen die Mitgliedschaft fehlen würde. Diese setzte damals noch eine abge-

---

45 General-Anzeiger v. 30. Januar 1970: „Neuer Zusammenschluss Bonner Juristen".

46 Digitalisierung in Deutschland- Lehren aus der Corona Krise, Gutachten des Wissenschaftlichen Beirats beim Bundesministerium für Wirtschaft und Energie (BMWi), Stellungnahme vom 12. Februar 2021; Behrens, Global Enterprise. Wie Globalisierung Internationale Politik, Weltwirtschaft, Internationales Business und das Globale Zusammenleben der Menschen verändert, Berlin 2007.

47 Guido Kirchhoff: Theo Rasehorn 90, in: Betrifft Justiz 2008, 405 ff.

48 General-Anzeiger v. 02./03.05.1970, Leserbrief „Reformen sollen verhindert werden".

schlossene Hochschulausbildung voraus, da die schwierigen Fragen der Rechtspolitik ein Mindestmaß an juristischer Erfahrung erfordern würden. Daher wären die Studenten und Kritiker um T. Rasenhorn zu Beginn der Mitgliederversammlung gebeten worden, diese zu verlassen. Interessant ist, dass der ohnehin schon in relativ scharfem Ton geschriebene Leserbrief durch die Korrektur Konrad Redekers noch einmal ein gutes Stück schärfer wurde. So wurde beispielsweise aus „Zu den Mitgliederversammlungen haben *allerdings* nur die der Vereinigung beigetretenen Mitglieder Zutritt.", „Zu Mitgliederversammlungen haben *selbstverständlich* nur die der Vereinigung beigetretenen Mitglieder zutritt." Oder aus „Gepflogenheiten", an die sich die Studenten zu halten hätten, wurden „Bestimmungen des Vereinsrechts". Auch einige beschwichtigend wirkende Sätze oder Wörter wurden hier und da gestrichen.[49] Diese kleinen Korrekturen illustrieren wohl das Herzblut, mit dem Konrad Redeker sein Projekt, das Bonner Juristischen Forum, verteidigte. Der Vorwurf mangelnder Progressivität und der Verhinderung von Reformen wirkt vor dem Hintergrund seines juristischen Wirkens mehr als überzogen.

Aus dem archivierten Schriftverkehr des Bonner Juristischen Forums geht ein versöhnliches Ende hervor. So war ein Treffen zwischen dem Vorstand und den Studenten um Theo Rasenhorn angedacht. [50] Ob es tatsächlich dazu kam, bleibt aber unbekannt.

Konrad Redeker war ein Mann mit vielen Gesichtern. Von Bekannten, Freunden, Familie und Kollegen wird er stets als zurückhaltend und bescheiden beschrieben. Er hätte wohl einen Beitrag zu ihm selbst in einer Festschrift zum Bonner juristischen Forum nicht gutgeheißen. Doch er war eine Person, die vielen als Vorbild diente und inspirierte. Das wurde in den Gesprächen mit den Zeitzeugen, die für die Vorbereitung dieses Artikels geführt wurden, mehr als deutlich.

Konrad Redeker starb am 7. Juni 2013, er hinterließ ein großes Erbe. Dies betrifft nicht nur die Institutionen, die er zu gründen half oder bei denen er sich an leitender Stelle engagierte, wie etwa auch seit 1973 bis 2003 als Herausgeber der führenden deutschen Zeitschrift der Juristen,

---

49 Archiv des Bonner Juristischen Forum: Akte „Presse", Schriftverkehr v. 03.05.1970 bzgl. Leserbrief (Archiv im Institut für deutsche und rheinische Rechtsgeschichte).

50 Archiv des Bonner Juristischen Forum: Akte „Presse", Schriftverkehr v. 06.05.1970 bzgl. Treffen (Archiv im Institut für deutsche und rheinische Rechtsgeschichte).

nämlich der „Neuen Juristischen Wochenschrift“ (NJW).[51] Vieles von seinen Leistungen, insbesondere in den großen Prozessen, bleibt noch zu entdecken.

---

51 Bender (Hrsg.), Stationen des Lebens von Konrad Redeker, in: Bernd Bender (Hrsg.): Rechtsstaat zwischen Sozialgestaltung und Rechtsschutz - Festschrift für Konrad Redeker zum 70. Geburtstag, München 1993.

Beschimpfungen, Bedrohungen, Angriffe auf Kommunalpolitikerinnen und Kommunalpolitiker als Gefahr für die Demokratie und den Rechtsstaat

Dr. Gerd Landsberg

A. *Einführung*

In den vergangenen Jahren haben politisch motivierte Bedrohungen, Beleidigungen und Übergriffe massiv zugenommen. Traurige Höhepunkte waren die schrecklichen Anschläge von Halle und Hanau sowie der Mord an Dr. Walter Lübcke nieder. Ob Vorstandsvorsitzender eines DAX-Konzerns, Künstler, Polizist, Gewerkschafter oder aber Kommunalpolitiker; überall dort, wo sich politisch zu unterschiedlichen Themen geäußert wird, bläst einem der Gegenwind mal lau oder mal in Orkanstärke entgegen. Für einen Diskurs über die „richtige“ Lösung oder aber wenigstens die Konsensfindung, könnte dies förderlich sein. Allerdings hört die Meinungsfreiheit dort auf, wo die Persönlichkeitsrechte des Gegenübers verletzt oder dieser sogar bedroht werden. Leider kommt gerade in diesen angespannten Zeiten der Corona-Pandemie sowie im Superwaljahr 2021 zu oft vor, dass viele glauben, die absolute Wahrheit beanspruchen zu können. Ob es dabei um die Flüchtlingsaufnahme seit 2015 geht, die „Dieselkriese“ oder aber den europäischen „Klimanotstand“.

Den folgenden Beitrag sollen die Ursachen, die aktuellen politischen Lösungsansätzen und die Vorschläge aus Sicht des Deutschen Städte- und Gemeindebundes beschäftigen.

B. *Beleidigungen, Bedrohungen, Gewalt – Wie sich das politische Klima geändert hat*

Vorab muss festgestellt werden, dass der politische Diskurs auch in der Vergangenheit sehr scharf geführt wurde. Sehr pointierte Meinungsäußerungen sind also kein neues Phänomen, wenn beispielsweise die Äußerungen von Herbert Wehner, Franz-Josef Strauß oder Heiner Geißler betrachtet werden. Allerdings haben sich die gesellschaftlichen und politischen Auseinandersetzungen in Art und Ton deutlich verschärft. Es findet eine zunehmende Verrohung der Sprache statt, die fast schon salonfähig geworden ist. Die Transformation der Medienlandschaft durch die sozialen Medien führt zu einer immer weiteren Verkürzung von Sachverhalten. Wurden früher noch in langen Leitartikeln eigene Ansichten vertreten, müssen diese heute in 240 Zeichen passen oder bildlich dargestellt werden. Anstelle von Diskurs wird mit Schlagzeilen Politik gemacht. Das Ziel ist auf der einen Seite die Empörungskultur anzusprechen – „Das kann doch nicht wahr sein!" – oder aber die Betroffenheit bei den Lesern/Followern hervorzurufen, ohne den komplexen Zusammenhängen von gesellschaftsrelevanten politischen Entscheidungen auf den Grund zu gehen.

Die Schlagzeile „Bundesregierung findet guten Kompromiss bei Thema XYZ" wird man selten finden. Stattdessen kann man „CDU/CSU und SPD streiten über XYZ bis in die frühen Morgenstunden" lesen, was natürlich auch impliziert, dass es sich um einen Formelkompromiss handelt. Verbreitet werden solche Artikel dann mit der jeweiligen politischen Einfärbung in den entsprechenden Foren und Echoräumen in sozialen Netzwerken wie Facebook oder Instagram und auch bei Kurzmitteilungsdiensten wie beispielsweise WhatsApp oder Telegramm. Dort finden sich sekundenschnell Verbündete etwa auch für groteske Meinungen, Hass, Verschwörungstheorien menschenverachtende Aufrufe zur Beleidung, Bedrohung oder Selbstjustiz. Die Möglichkeiten, dagegen vorzugehen, rufschädigende, rechtswidrige und schlichtweg falsche Informationen richtig zu stellen und zu intervenieren, sind sehr begrenzt.

Dies vorweggestellt, sehen sich in den letzten Jahren immer mehr Politikerinnen und Politiker der kommunalen Ebene, vom ehrenamtlichen Ortsbeiratsmitglied bis zum hauptamtlichen Bürgermeister, verstärkt mit Beleidigungen und Bedrohungen konfrontiert.[1] Es handelt sich längst nicht mehr um Einzelfälle. Kommunale Amts- und Mandatsträger werden aufgrund einer „humanen" Flüchtlingspolitik, der Umsetzung von Corona-Maßnahmen, aber auch aufgrund ganz alltäglichen Verwaltungshandelns verbal oder auch tätlich attackiert. Dabei ist Hass und Hetze im Netz und vor allem in den sozialen Medien ein besonders großes Problem. Umfragen der Körber-Stiftung und von forsa sowie des Magazins KOMMUNAL aus dem Jahr 2021 belegen das ganze Ausmaß der Bedrohungen.[2] Danach haben rund zwei Drittel der Bürgermeisterinnen und Bürgermeister

---

1 Abrufbar unter: https://www.ndr.de/fernsehen/sendungen/45_min/Hass-und-Hetze-gegen-Politikerinnen,sendung943164.html.

2 Umfragen der Zeitschrift KOMMUNAL im Auftrag des ARD-Politmagazins „Report München" vom 27.04.2021 sowie der Körber-Stiftung und forsa vom 29.04.2021.

in ganz Deutschland bereits Erfahrungen mit Beschimpfungen, Bedrohungen oder tätlichen Übergriffen – und das sogar mehrfach – gemacht. Die Situation spitzt sich auch aufgrund der Corona-Pandemie weiter zu.[3] Die Mehrheit der Bürgermeisterinnen und Bürgermeister berichten dabei auch von Anfeindungen gegenüber den Mitarbeiterinnen und Mitarbeitern aus der Kommunalverwaltung, Mitgliedern der Stadt- bzw. Gemeindevertretung, kommunalen Feuerwehr- und Rettungskräfte sowie gegenüber anderen kommunal Engagierten. Auch nahestehende Personen, Familien und Freunde der Kommunalpolitikerinnen und Kommunalpolitiker sind betroffen.[4] Die Folgen sind fatal: Während einige Kommunalpolitiker den Anfeindungen Stand halten und erst recht weiter machen, trauen sich andere nicht mehr ihre Meinung zu sagen, treten zurück oder treten nicht mehr an. Dies belegen die Umfragen mit erschreckender Deutlichkeit.[5] Die ohnehin anspruchsvollen Ämter werden zunehmend unattraktiver. Viele fühlen sich mit dem Problem allein gelassen.

Gerade Beleidigungen sind im politischen Kontext keine Seltenheit. Wann solche Beleidigungen gegenüber Amts- und Mandatsträgern strafbar sind, richtet sich nach den § 188 ff. StGB. Besondere Beachtung verdient hierbei der § 193 StGB und die dahinterstehende Rechtsprechung. So stellt nicht nur das Bundesverfassungsgericht[6], sondern auch der Bundesgerichtshof[7] in der jeweiligen Rechtsprechung darauf ab, dass der § 193 StGB als besondere Rechtfertigung eine Ausprägung der Meinungsfreiheit ist. Gerade im politischen Meinungskampf muss daher die Abwägung zwischen dem öffentlichen Interesse an der Meinungsäußerung als fundamentalem Recht einer demokratischen Gesellschaft und dem Recht des Einzelnen an der Unverletzlichkeit seiner Ehre abgewogen werden. Dabei kann davon ausgegangen werden, dass eine Vermutung zugunsten der Meinungsfreiheit auch bei Äußerungen über Personen gilt.[8] Wie weit das Recht auf Meinungsäußerung gegenüber Politikern nach Ansicht einiger Gerichte gehen kann, zeigt exemplarisch das Urteil bezüglich einiger Belei-

---

3 Umfrage KOMMUNAL (Abrufbar unter: https://kommunal.de/attacken-kommunalpolitiker-corona).

4 Umfrage Körber-Stiftung/forsa (Abrufbar unter: https://www.stark-im-amt.de/fileadmin/user_upload/Nachrichten/Umfrage_Hass_und_Gewalt_gegen_Kommunalpolitiker.pdf).

5 Umfragen der Zeitschrift KOMMUNAL im Auftrag des ARD-Politmagazins „Report München“ vom 27.04.2021 sowie der Körber-Stiftung und forsa vom 29.04.2021.

6 BVerfGE 42, 152.

7 BGHSt 12, 287.

8 Fischer, Strafgesetzbuch und Nebengesetze, § 193 Rn. 17b.

digungen zum Nachteil der Bundespolitikerin Renate Künast aus dem Jahr 2019.[9] Die Richter sahen hier die Grenzen zur Schmähkritik nicht als überschritten an. Allerdings revidierte das Landgericht seine ursprüngliche Entscheidung kurze Zeit später noch einmal.[10] Schmähkritik liegt nach der Rechtsprechung des Bundesverfassungsgerichts dann vor, wenn eine Äußerung keinen irgendwie nachvollziehbaren Bezug mehr zu einer sachlichen Auseinandersetzung hat und es allein um das grundlose Verächtlichmachen der betroffenen Person als solcher geht.[11]

Die vom Bundesministerium der Justiz im Jahr 2015 initiierte Task Force „Umgang mit rechtswidrigen Hassbotschaften im Internet“ hat nicht den gewünschten Erfolg gebracht. Auch wenn an der Task Force neben dem BMJV die großen Konzerne Facebook, Google und Twitter sowie zivilgesellschaftlichen Organisationen wie eco-Verband der Internetwirtschaft e. V., die Freiwillige Selbstkontrolle Multimedia-Diensteanbieter (FSM), jugendschutz.net, klicksafe.de, die Amadeu-Antonio-Stiftung (Netz gegen Nazis) sowie der Verein „Gesicht zeigen!“ beteiligt waren.

Das Ergebnispapier[12] der Task-Force setze zunächst auf Selbstregulierung der Plattformbetreiber, einen besseren Austausch der Konzerne mit zivilgesellschaftlichen Organisationen, der Förderung der „Counter-Speech“ und der Ankündigung Strafverfolgung von Hasskriminalität im Internet mit den Ländern besprechen zu wollen.

C. *Netzwerkdurchsetzungsgesetz 2017*

Im Jahr 2017 reagierte die Politik gesetzgeberisch auf die zunehmenden Bedrohungen in den sozialen Netzwerken. Mit dem „Gesetz zur Verbesserung der Rechtsdurchsetzung in sozialen Netzwerken“[13], dem sog. Netzwerkdurchsetzungsgesetz, sollte der Entwicklung in den sozialen Netzwerken Rechnung getragen werden. Das NetzDG ist lediglich sechs Paragrafen lang. Das Gesetz gilt gem. § 1 Abs. 1 und 2 NetzDG für Betreiber sozialer Netzwerke, die im Inland mehr als zwei Millionen registrierte Nutzer

---

9 Abrufbar unter: https://www.zeit.de/politik/deutschland/2019-09/gruenen-politikerin-renate-kuenast-beleidigungen-gerichtsurteil-meinungsfreiheit.

10 LG Berlin Beschl. V. 21.01.2020 Az.:27 AR 17/19.

11 BVerfG, Beschl. v. 19.05.2020 Az.: 1 BvR 2459/19, 1 BvR 2397/19, 1 BvR 1094/19 und 1 BvR 362/18; BVerfG, Beschl. v. 14.6.2019 Az. 1 BvR 2433/17.

12 Abrufbar unter: https://www.bmjv.de/SharedDocs/Artikel/DE/2015/12152015_ErgebnisrundeTaskForce.html.

13 BT-Drs 18/12727.

haben. Davon ausgenommen sind nach § 1 Abs. 1 Satz 2 NetzDG Plattformen mit journalistisch gestalteten Inhalten sowie gem. § 1 Abs. 2 Satz 2 NetzDG Plattformen mit weniger als zwei Millionen Nutzern im Inland. Hierbei kommt es nach der Gesetzesbegründung nicht darauf an, wo der Nutzer hauptsächlich aktiv ist, sondern wo dieser ansässig ist.[14]

Als rechtswidrige Inhalte werden durch das Gesetz in § 1 Abs. 3 NetzDG Inhalte angesehen, welche den Tatbestand der §§ 86, 86a, 89a, 91, 100a, 111, 126, 129 bis 129b, 130, 131, 140, 166, 184b in Verbindung mit 184d, 185 bis 187, 201a, 241 oder 269 des Strafgesetzbuchs erfüllen.[15] Umstritten und weder aus dem Gesetzestext noch aus der Gesetzesbegründung ersichtlich ist, ob der Plattformbetreiber nur das Vorliegen des objektiven Tatbestandes oder auch das Vorliegen des subjektiven Tatbestandes und etwaiger Rechtfertigungsgründe zu prüfen hat.[16] Nach § 3 NetzDG müssen die Anbieter sozialer Netzwerke ein wirksames und transparentes Verfahren für den Umgang mit Beschwerden über rechtswidrige Inhalte anbieten. Das bedeutet, dass offensichtlich rechtswidrige Inhalte nach 24 Stunden und sonstige rechtswidrige Inhalte unverzüglich nach Eingang der Beschwerde zu sperren sind.[17] Die Betreiber sind ferner dazu verpflichtet halbjährlich einen Bericht über den Umgang mit Beschwerden zu fertigen und im Bundesanzeiger sowie auf der eigenen Homepage zu veröffentlichen.

Bei Verstößen kann ein Bußgeld nach § 4 Abs. 2 NetzDG von bis zu 5 Millionen Euro verhängt werden.[18] Problematisch ist dabei, dass es keinen Vorrang der Prüfung bei Meldungen nach dem Netzwerkdurchsetzungsgesetz gibt. Sofern eine gemeldete Nachricht nach den „Standards" der Plattform gelöscht wird, findet diese sich nicht in den Statistiken zum NetzDG.[19] In den Jahren 2018 und 2019 gab es nach Angaben des Bundesamtes für Justiz, welches für die Bußgeldverfahren zuständig ist, 1300 Verfahren gegen Plattformbetreiber wegen der Verletzung der Pflichten aus der NetzDG.

---

14 BT-Drs. 18/12356, 20.

15 BT-Drs. 18/12356, 19.

16 Kalscheuer/Hornung, NVwZ 2017, 1721, 1724.

17 BT-Drs. 18/12356, 22.

18 BT-Drs. 18/12356, 25.

19 Abrufbar unter: https://www.handelsblatt.com/politik/deutschland/netzwerkdurchsetzungsgesetz-immer-weniger-beschwerden-ueber-facebook-und-co-/25355626.html.

Das Netzwerkdurchsetzungsgesetz ist nicht nur deshalb umstritten, weil es durch die „Angriff auf die Meinungsfreiheit“[20] gesehen wird, sondern auch weil die Fassung des Gesetzes als unnötig kompliziert und bürokratisch gilt.[21]

Besonders kritisch wird dabei gesehen, dass staatliche Aufgaben der Rechtsdurchsetzung vermeintlich an Privatunternehmen übertragen würden.[22] Die Androhung hoher Bußgelder in Verbindung mit allzu kurzen Reaktionsfristen soll dabei die Gefahr verstärken, dass sich Plattformbetreiber im Zweifel zu Lasten der Meinungsfreiheit und für die Löschung oder Sperrung solcher Inhalte entscheiden, die sich im Graubereich befinden. Insbesondere die starren Fristen zur Löschung von Inhalten wurden dabei unter dem Aspekt einer vom Bundesverfassungsgericht geforderten umfassenden Abwägung gegenüberliegender, grundgesetzlich geschützter Schutzgüter kritisiert.[23]

Allerdings gibt es nicht nur kritische Anmerkungen zum NetzDG, sondern auch positive Einschätzungen. So wird beispielsweise gelobt, dass die Transparenz beim Umgang mit rechtswidrigen Inhalten deutlich erhöht werden konnte und die Online-Plattformen Nutzermeldungen konsequenter prüfen und die Rechtsdurchsetzung schneller und effektiver erfolgt.[24]

Für die Bekämpfung von Hasskriminalität und strafbaren Falschnachrichten sind über das NetzDG hinaus weitere Maßnahmen erforderlich, die vor allem die faktischen Voraussetzungen der Strafverfolgung und des Rechtsschutzes der Nutzer betreffen.

D. Gesetzespaket zur Bekämpfung des Rechtsextremismus und der Hasskriminalität und weitere Änderungen

Der starke Anstieg von Bedrohungen, der Mord am Kasseler Regierungspräsidenten Dr. Walter Lübcke und die Anschläge in Halle und Hanau haben gezeigt, dass der Rechtsstaat konsequenter gegen Rechtsextremismus und Hasskriminalität vorgehen muss. Die Bundesregierung hat mit der Einrichtung eines Kabinettausschusses zur Bekämpfung von

---

20 Abrufbar unter: https://deklaration-fuer-meinungsfreiheit.de/.

21 Abrufbar unter: https://www.handelsblatt.com/politik/deutschland/gesetz-gegen-hass-im-netz-bisher-rund-1-300-bussgeldverfahren-gegen-soziale-netzwerke/25419580.

22 Schliesky, NVwZ 2019, 693, 695.

23 Abrufbar unter: https://www.bitkom.org/sites/default/files/file/import/FirstSpirit-149275573214220170420-Bitkom-Stellungnahme-zum-Regierungsentwurf-NetzwerkDG.pdf.

24 Löber/Roßnagel, MMR 2019, 71, 75.

Rechtsextremismus und Rassismus sowie mit einem 9-Punkte-Plan gegen Rechtsextremismus und Hass reagiert.[25]

Wesentliche Vorhaben des 9-Punkte Plans mündeten in das Gesetz zur Bekämpfung des Rechtsextremismus und der Hasskriminalität, dass Änderungen im Netzwerkdurchsetzungsgesetz, Bundeskriminalamtgesetz, Telemediengesetz, Strafgesetzbuch sowie der Strafprozessordnung umfasst. Das Gesetz ist mit erheblichem Zeitverzug am 3. April 2021 in Kraft getreten.[26] Ein zentraler Bestandteil des Gesetzes ist die Einführung einer Meldepflicht sozialer Netzwerke gegenüber der Zentralstelle des Bundeskriminalamtes im Sinne von § 1 Abs. 1 NetzDG. Davon erfasst werden nur solche Inhalte, bei denen es konkrete Anhaltspunkte für die Erfüllung eines der in § 1 Abs. 3 NetzDG genannten Straftatbestände gibt und die anhaltende negative Auswirkungen auf die Ausübung der Meinungsfreiheit in den sozialen Medien haben können.[27] Die Meldepflicht greift demnach bei Straftaten gem. §§ 86, 86a StGB, §§ 129 bis 129b StGB, §§ 130, 131 StGB, § 126 StGB, § 140 StGB, aber auch etwa bei Bedrohungen mit Verbrechen gegen das Leben, die sexuelle Selbstbestimmung, die körperliche Unversehrtheit oder die persönliche Freiheit (§ 241 StGB) sowie der Verbreitung kinderpornografischer Aufnahmen (§ 184b StGB). Dagegen sind Beleidigungen, üble Nachrede und Verleumdung nicht von der Meldepflicht umfasst. Soziale Netzwerke sollen allerdings künftig Nutzerinnen und Nutzer darüber informieren, wie und wo sie Strafanzeige und erforderlichenfalls Strafantrag stellen können.

Das Bundeskriminalamt soll die gemeldeten Inhalte auf schwere Straftatbestände prüfen. Stuft es die Meldungen als strafrechtlich relevant ein, werden die Fälle für die weitere Bearbeitung im Fall eines Ermittlungsverfahrens den Staatsanwaltschaften in den Bundesländern übermittelt. Der Umfang der im Rahmen der Meldepflicht von den sozialen Netzwerken herauszugebenden Bestands- und Nutzerdaten, insbesondere der IP-Adresse und Port-Nummer, die dem Nutzerprofil zuletzt zugeteilt waren, sowie die Befugnisse des Bundeskriminalamtes im weiteren Umgang und Auskunftsersuchen mit den Daten wurde aufgrund eines zwischenzeitlich

25 Abrufbar unter: https://www.bundesregierung.de/breg-de/aktuelles/gegen-extremismus-und-hass-1686442.

26 Gesetz vom 30.03.2021 - BGBl. I 2021, Nr. 13 01.04.2021, S. 441.

27 BT-Drs. 19/17741, S. 41.

ergangenen Beschlusses des Bundesverfassungsgerichts[28] durch die Änderungen des Bestandsdatenauskunftsgesetzes[29] neu geregelt.

Um eine effektive Strafverfolgung insbesondere von Hasskriminalität mit rechtsextremistischem Hintergrund nicht nur, aber gerade auch bei Tatbegehungen in den sozialen Medien zu erreichen, wurden mehrere Straftatbestände erweitert und Strafandrohungen verschärft. Insbesondere wurde der Straftatbestand der üblen Nachrede und Verleumdung gegen Personen des politischen Lebens (§ 188 StGB) auf die kommunale Ebene ausgeweitet. Damit sind auch Kommunalpolitikerinnen und Kommunalpolitiker geschützt, wenn die Tat mit der Stellung der oder des Betroffenen im öffentlichen Leben zusammenhängt und geeignet ist, ihr oder sein öffentliches Wirken erheblich zu erschweren. Zudem wird in den Fällen des § 188 die Tat nunmehr nicht mehr nur auf Antrag der berechtigten Person, sondern auch dann verfolgt, wenn die Strafverfolgungsbehörde wegen des besonderen öffentlichen Interesses an der Strafverfolgung ein Einschreiten von Amts wegen für geboten hält (§ 194 StGB). Wer andere im Netz beleidigt (§ 185 StGB), kann künftig mit bis zu zwei statt mit bis zu einem Jahr Freiheitsstrafe bestraft werden. Erfasst werden zudem auch Äußerungen, die öffentlich getätigt, d. h. von einem größeren, nach Zahl und Individualität unbestimmten oder durch nähere Beziehungen nicht verbundenen Personenkreis wahrgenommen werden können. Auch Äußerungen, die durch Schriften (§ 11 Absatz 3 StGB) verbreitet werden, werden erfasst. Hierunter können auch an einen bestimmten Personenkreis in geschlossenen Benutzergruppen getätigte Äußerungen fallen.

Bislang ist nach § 241 StGB nur die Bedrohung mit einem Verbrechen – meist die Morddrohung – strafbar. Nunmehr sind auch Drohungen mit Taten gegen die sexuelle Selbstbestimmung, die körperliche Unversehrtheit, die persönliche Freiheit oder gegen Sachen von bedeutendem Wert, die sich gegen die Betroffenen oder ihnen nahestehende Personen richten, strafbar. Insbesondere bei Bedrohungen mit Freiheitsberaubungen, einfacher Gewalt gegen die Kinder des Adressaten oder wertvolle Gegenstände (zum Beispiel Fahrzeuge, Immobilien) kann der individuelle Rechtsfrieden erheblich gestört werden. Der Strafrahmen wird bei Bedrohungen im Netz bei bis zu zwei Jahren und bei der Drohung mit einem Verbrechen, die öffentlich erfolgt, bei bis zu drei Jahren Freiheitsstrafe oder Geldstrafe

28 BVerfG, Beschl. v. 27. Mai 2020 Az.: 1 BvR 1873/13, 1 BvR 2618/13.

29 Gesetz zur Anpassung der Regelungen über die Bestandsdatenauskunft an die Vorgaben aus der Entscheidung des Bundesverfassungsgerichts vom 27. Mai 2020, Bundesgesetzblatt Teil I 2021 Nr. 13 01.04.2021, S. 448.

liegen. Bislang ist der Strafrahmen bei Bedrohungen bis zu ein Jahr Freiheitsstrafe oder Geldstrafe. Der Schutz von Notdiensten gem. § 115 StGB wird auf Personal in ärztlichen Notdiensten und in Notaufnahmen ausgedehnt. Nunmehr wird auch die Billigung künftiger schwerer Taten nach § 140 StGB erfasst sein, wenn diese geeignet sind, den öffentlichen Frieden zu stören. Das öffentliche Befürworten der Äußerung, jemand gehöre „an die Wand gestellt“ ist ein Beispiel für die künftige Strafbarkeit. Der Straftatenkatalog des § 126 StGB ist dahingehend erweitert worden, dass zukünftig auch die Androhung einer gefährlichen Körperverletzung (§ 224 StGB) strafbar sein kann. Schließlich werden antisemitische Tatmotive ausdrücklich als strafschärfende Beweggründe in das Strafgesetzbuch aufgenommen (§ 46 Abs. 2 StGB).

Schließlich können von Bedrohungen, Beleidigungen und unbefugten Nachstellungen Betroffene leichter eine Auskunftssperre im Melderegister eintragen lassen und sich so davor schützen, dass ihre Adressen weitergegeben werden. Dazu wurde § 51 des Bundesmeldegesetzes geändert. Die Meldebehörden müssen künftig berücksichtigen, ob die betroffene Person einem Personenkreis angehört, der sich aufgrund beruflicher oder ehrenamtlicher Tätigkeiten in verstärktem Maße Anfeindungen oder Angriffen ausgesetzt sieht.

Die zahlreichen Gesetzesänderungen durch das Gesetz zur Bekämpfung des Rechtsextremismus und der Hasskriminalität wurden von einer Mehrheit der beteiligten Bundesressorts, Länder und Verbände im Rahmen des parlamentarischen Abstimmungs- und Beteiligungsverfahrens positiv gesehen. Allerdings führte insbesondere die neue Meldepflicht der sozialen Netzwerkbetreiber und damit einhergehenden Befugnisse des Bundeskriminalamtes zur sog. Bestandsdatenabfrage zu erheblicher Kritik, Verzögerungen und Nachbesserungsforderungen. Bereits im Rahmen der Anhörung des Gesetzesentwurfs im Jahr 2020 wurde vor allem die neue Verantwortung der sozialen Netzwerkbetreiber für die Gefahrenabwehr und Strafverfolgung strafrechtlich relevanter Posts kritisch gesehen. [30] Darüber hinaus wurden die Eingriffe in die Rechte der Nutzerinnen und Nutzer der Plattformen und die Befugnisse des Bundeskriminalamtes zur Abfrage von sog. Bestandsdaten als zu weitgehend kritisiert.[31] Die Debatte setze sich angesichts der bereits erwähnten Entscheidung des Bundesverfas-

---

30 Abrufbar unter: https://www.bmjv.de/SharedDocs/Gesetzgebungsverfahren/Stellungnahmen/2020/Downloads/011720_Stellungnahme_Bitkom_RefE__Belaempfung-Rechtsextremismus-Hasskriminalitaet.pdf?__blob=publicationFile&v=3.

31 Abrufbar unter: https://www.bundestag.de/dokumente/textarchiv/2020/kw11-de-rechtsextremismus-685582.

sungsgerichts[32] im Rahmen der Änderungen des sog. Bestandsdatenauskunftsgesetzes im Jahr 2021 fort.[33] Das bereits im Jahr 2020 vom Bundestag und Bundesrat beschlossene Gesetz ist vor diesem Hintergrund mit erheblicher Verzögerung schlussendlich erst am 30.03.2021 vom Bundespräsidenten ausgefertigt worden. Die gesetzlichen Änderungen treten am 1. Juli 2021, die Meldepflicht erst ab dem 1.02.2022 in Kraft.

Der Deutsche Städte- und Gemeindebund hat das Gesetzespaket ausdrücklich begrüßt.[34] Es ist ein zentraler Baustein im Kampf gegen Hass und Hetze im Netz und bringt dringend notwendige Verbesserungen für den strafrechtlichen Schutz von Kommunalpolitikerinnen und Kommunalpolitikern mit sich. Insbesondere der verstärkte Strafrechtsschutz für kommunale Amts- und Mandatsträger in den § 188 StGB und § 241 StGB, Erleichterungen bei Strafanträgen sowie die Meldepflicht von strafbaren Hasspostings gegenüber der Zentralstelle beim Bundeskriminalamt wurden von den Kommunalpolitikerinnen und Kommunalpolitikern, die sich tagtäglich für das Gemeinwohl und unsere Demokratie stark machen, dringend erwartet. Eine wichtige Strafrechtslücke kann durch das Gesetz jedoch weiterhin nicht geschlossen werden. Die Betroffenen sind vor Nachstellungen und sog. diffusen Drohungen, wie „fühl dich nicht so sicher“, „wir können jederzeit zuschlagen“, jedoch noch immer nur unzureichend geschützt. Diese beeinflussen das persönliche Umfeld jedoch in gleicher Weise wie direkte Drohungen. Die Massivität und der lange Zeitraum, in welchem Drohungen und Beleidigungen ausgesprochen oder sonst kommuniziert werden, stehen häufig den Beeinträchtigungen, wie sie Stalking-Opfer oft ausgesetzt sind, kaum nach. Dennoch ist eine Strafbarkeit nach § 238 StGB nur in wenigen Fällen gegeben. Durch die Schaffung einer neuen Strafvorschrift einer „Nachstellung gegenüber Amts- und Mandatsträgern“ (§ 238a StGB) können die bestehenden Gesetzeslücken geschlossen und der Schutz deutlich verbessert werden. [35] Zwar wird der Stalking-Paragraf des § 238 StGB derzeit reformiert. Die Hürden für ein strafbares Verhalten sollen abgesenkt und der in 238 Absatz 1 StGB enthaltene Katalog der Tathandlungen um die spezifischen Vorgehensweisen des sog. Cyberstalkings erweitert werden. Aus Sicht des Deutsche Städte- und

32 BVerfG, Beschl. v. 27. Mai 2020 (s.o.).

33 Abrufbar unter: https://www.bundestag.de/dokumente/textarchiv/2021/kw02-de-bestandsdatenauskunft-813760.

34 Abrufbar unter: https://www.bmjv.de/SharedDocs/Gesetzgebungsverfahren/Stellungnahmen/2020/Downloads/010220_Stellungnahme_DStGB_RefE__Belaempfung-Rechtsextremismus-Hasskriminalitaet.pdf?__blob=publicationFile&v=3.

35 Abrufbar unter: dstgb.de/Gutachten_Majer.

Gemeindebund sind die Änderungen zu begrüßen. Sie lösen jedoch das geschilderte spezifische Problem der Nachstellungen gegenüber Kommunalvertreterinnen und Kommunalvertretern noch nicht hinreichend. Insofern hält der Deutsche Städte- und Gemeindebund die Einführung eines § 238s StGB weiterhin für erforderlich. Der Bundestag hat jüngst den Weg für das Gesetz zur Änderung des Strafgesetzbuches – effektivere Bekämpfung von Nachstellungen und bessere Erfassung des Cyberstalkings[36] – frei gemacht. Der Bundesrat sieht jedoch noch Nachbesserungsbedarf.[37]

Jüngst wurden weitere strafrechtliche Nachbesserungen auf den Weg gebracht, um den Schutz der Betroffenen zu verbessern und die Verfolgung von rechtsextremistischen und rassistischen Straftaten zu erleichtern. Hierzu zählt insbesondere eine zweite Novelle zur Änderung des Netzwerkdurchsetzungsgesetzes.[38] Ziel ist es, die Bekämpfung strafbarer Inhalte auf den Plattformen der sozialen Netzwerkanbieter zu verbessern und transparenter zu machen. Dabei sollen Meldewege für Beschwerden über rechtswidrige Inhalte erleichtert, unmittelbare Auskunftsansprüche von Betroffenen gegenüber den Anbietern geschaffen und zivilrechtliche Ansprüche wegen der Verletzung absolut geschützter Rechte aufgrund rechtswidriger Inhalte erleichtert werden. Neben einem Gegenvorstellungsverfahren, wenn es um die Löschung oder Beibehaltung von Inhalten auf Plattformen geht, ist auch Gegenstand der Änderungen eine Anerkennungsmöglichkeit für privatrechtlich organisierte Schlichtungsstellen. Das Gesetz trat in weiten Teilen Ende Juni in Kraft.[39] Darüber hinaus wurde eine neue Regelung zur Strafbarkeit des Verbreitens von sogenannten Feindeslisten (§ 126a StGB-E) [40] vom Bundestag beschlossen. Hierbei handelt es sich um Sammlungen personenbezogener Daten, die – vorwiegend im Internet – in einem bedrohlich wirkenden Kontext veröffentlicht werden. Der Gesetzentwurf befindet sich noch im parlamentarischen Verfahren. So hat der Bundesrat noch Nachbesserungen verlangt.[41] Schließlich hat das Bundeskabinett am 12.05.2021 beschlossen, dass das Strafgesetzbuch um eine Regelung zur Verbesserung des strafrechtlichen Schutzes vor Schriften mit volksverhetzendem Inhalt (sog. verhetzende Beleidi-

36 BT-Drs. 19/28679.

37 Abrufbar unter: https://www.bundesrat.de/DE/plenum/bundesrat-kompakt/21/1004/51.html?nn=15932812#top-51.

38 BT-Drs 19/18792.

39 Verkündet im Bundesgesetzblatt Teil I, Nr. 29 (09.06.2021).

40 BT-Drs. 19/28678.

41 Abrufbar unter: https://www.bundesrat.de/DE/plenum/bundesrat-kompakt/21/1004/55.html?nn=15932812#top-55.

gung) ergänzt werden soll.[42] Hierdurch soll die Zuleitung volksverhetzender Inhalte auch im Zwei-Personen-Verhältnis unter Strafe gestellt werden.

E. Fazit

Die Beschimpfungen, Bedrohungen und tätlichen Angriffe gegen kommunale Amts- und Mandatsträger nehmen in einem besorgniserregenden Ausmaß weiter zu. Es handelt sich längst nicht mehr um Einzelfälle, sondern um ein bundesweites Problem in allen Parteien, Regionen und allen Stadt- und Gemeindegrößen. Dies bestätigen auch die polizeilichen Kriminalstatistiken, die eine Verdoppelung der Straftaten in den vergangenen drei Jahren, vor allem im Corona-Jahr verzeichnen.[43] Die sozialen Medien wirken dabei als Echoraum für Hass und Beleidigungen und bereiten damit einen Nährboden für Radikalisierungen. Um die aktuelle Situation zu verbessern, braucht es mehrere Ansätze. Zum einen – und da hat der Gesetzgeber auf Bundesebene mit dem Gesetz zur Bekämpfung des Rechtsextremismus und der Hasskriminalität und weiteren Gesetzesinitiativen bereits reagiert – müssen Strafbarkeitslücken geschlossen und Strafrahmen verschärft werden, damit die abschreckende Wirkung des Strafrechts betont wird. Es braucht daher einen Straftatbestand des Politikerstalkings.

Darüber hinaus muss sich das Recht den neuen Herausforderungen anpassen. Die Änderungen des Gesetzes zur Bekämpfung des Rechtsextremismus und der Hasskriminalität sind dabei der richtige Weg, um insbesondere die Betreiber sozialer Netzwerke noch stärker in die Pflicht zu nehmen. Die Einführung einer Meldepflicht von besonders strafwürdigen Inhalten an das Bundeskriminalamt sowie die Ausweitung ihrer Befugnisse zur Nachverfolgung der IP-Adressen erleichtert die Strafverfolgung deutlich. Darüber hinaus müssen auch Betreiber sozialer Netzwerke aus dem Ausland zur Verantwortung gezogen werden können und die Rechte der Betroffenen gestärkt werden, deren Löschungsanzeige unbeantwortet bleibt oder abgelehnt wird. Hier ist mit den jüngst auf den Weg gebrachten Nachbesserungen im Netzwerkdurchsetzungsgesetz ein weiterer wichtiger Schritt gemacht worden. Für eine konsequente Strafverfolgung sind darüber hinaus auch die notwendigen personellen Ressourcen bei

---

42 Abrufbar unter: https://www.bmjv.de/SharedDocs/Artikel/DE/2021/0512_verhetzende_Beleidigungen.html; S. ebenfalls in der Beschlussempfehlung des Bundestags- Ausschuss für Recht und Verbraucherschutz BT-Drs. 19/30943.

43 Abrufbar unter: www.bmi.bund.de/pmk-2020.

den Strafverfolgungsbehörden und den Gerichten zu schaffen. Nur so ist sichergestellt, dass Straftaten gegen die Verantwortlichen auf der kommunalen Ebene auch konsequent verfolgt werden und nicht wie in der Vergangenheit überwiegend eingestellt werden. Beleidigungen, Bedrohungen und tätliche Angriffe gegen Amtsträger sind auch Angriffe auf das Gemeinwesen und den demokratischen Rechtsstaat. Als solches müssen die Polizei, die Staatsanwaltschaften und Gerichte diese Taten auch betrachten und entsprechend sensibilisiert werden. Dies könnte beispielsweise durch eine Ergänzung der Richtlinien für das Strafverfahren und das Bußgeldverfahren (RiStBv) geschehen, welcher klarstellt, dass bei Beleidigungen zu Lasten von Kommunalpolitikerinnen und Kommunalpolitikern oder Beschäftigten in den Verwaltungen von Bund, Ländern und Kommunen stets das öffentliche Interesse an der Strafverfolgung besteht. Ansprechstellen für die Kommunalpolitiker sollten sowohl in einer zentralen Stelle des Landes als auch bei den jeweiligen Staatsanwaltschaften geschaffen werden, um auch in der Öffentlichkeit zu demonstrieren, dass die Vorgänge ernst genommen und verfolgt werden. Die Ansprechpartner sollen als Meldestellen und für eine Beratung im Hinblick auf die strafrechtliche Bewertung und Anzeigeerstattung zur Verfügung stehen. Hier sind einige Bundesländer, wie Nordrhein-Westfalen, Bayern, Niedersachsen, Sachsen, Rheinland-Pfalz und Hessen bereits als Vorbild vorangegangen. Andere stehen hier jedoch noch am Anfang. Andere stehen hier jedoch noch am Anfang.

Der dritte Baustein setzt sich zusammen aus gesellschaftlicher Prävention und Solidarität. Es wird eine größere Aufmerksamkeit für das Thema benötigt und es muss stärker auf allen Ebenen sensibilisiert werden. Vorfälle dieser Art dürfen nicht mehr toleriert oder als Einzelfälle bezeichnet und Kommunalpolitiker damit sich selbst überlassen werden. Hier ist schon viel passiert. Der Bundespräsident persönlich stellt sich schützend vor die Kommunalpolitikerinnen und Kommunalpolitiker. So wurde am 29. April 2021 das neue Portal www.stark-im-amt.de für bedrohte Kommunalpolitikerinnen und Kommunalpolitiker unter seiner Schirmherrschaft freigeschaltet.[44] Das Portal wurde von der Körber Stiftung mit dem Deutschen Städte- und Gemeindebund, dem Deutschen Städtetag und dem Deutschen Landkreistag initiiert. Es bietet Bürgermeisterinnen und Bürgermeistern, Landrätinnen und Landräten sowie Ratsmitgliedern

44 Abrufbar unter: https://www.dstgb.de/themen/sicherheit/extremismus/start-des-online-portals-stark-im-amt-als-bundesweit-erste-anlaufstelle-fuer-kommunalvertreter-innen/.

einen direkten Zugang zu Informationen, Ansprechpartnern und Angeboten, um Übergriffen vorzubeugen, aber auch um die Herausforderungen eines Angriffs zu meistern. Darüber hinaus sind weitere Maßnahmen erforderlich: Es bedarf einer noch breiteren gesellschaftlichen und öffentlichen Debatte über unsere demokratische Kultur, über die Notwendigkeit und Akzeptanz vielfältiger demokratischer Meinungen und über strukturelle Ansätze zur Stärkung der Politiker vor Ort. Es braucht eine Öffentlichkeitskampagne zum Verständnis des kommunalen Ehren- und Hauptamtes sowie der Funktionen der Kommunen. In Kooperation mit Kommunalpolitikern, kommunalen Spitzenverbänden, zivilgesellschaftlichen Organisationen, Polizei, Justiz, Parteivertretern, sollte ein Bündnis gegen Gewalt und für Toleranz etabliert werden. Zur Anerkennung der Politiker brauchen wir mehr Aufklärung, mehr politische Bildung in den Schulen, der Jugendarbeit bis zu Demokratiewerkstätten vor Ort und mehr offenen Austausch von Angesicht zu Angesicht. Hier sind auch die Medien in der Pflicht, nicht immer nur über negative Ereignisse zu berichten, sondern auch zu zeigen, wie gerade die vielen Ehrenamtlichen einen Großteil ihres Privatlebens für das kommunale Ehrenamt nutzen. Nur so kann dargestellt werden, welche Bedeutung die Amts- und Mandatsträger auf der kommunalen Ebene für die Demokratie haben.

Zugleich gilt es, Öffentlichkeit zu schaffen und auf die aktuelle Situation von Kommunalvertreterinnen und Kommunalvertretern und auch vielen Ehrenamtlichen und Beschäftigten des öffentlichen Dienstes aufmerksam zu machen, die digital oder ganz real bedroht und eingeschüchtert werden. Die Gesellschaft muss für diese Zustände sensibilisiert und motiviert werden, den Betroffenen beizustehen und öffentlich für sie einzustehen. Das Beispiel des Bürgermeisters von Kamp-Lintfort zeigt, dass die Öffentlichkeit bereit ist, sich mit ihren Kommunalpolitikerinnen und Kommunalpolitikern bei Bedrohungen zu solidarisieren. Unter Einhaltung aller gebotenen Sensibilität der Thematik: Betroffene sollten auf die zunehmende Verrohung, Hass und Beleidigungen reagieren und Vorfälle dieser Art, auch wenn sie unterhalb der Strafbarkeitsschwelle liegen, melden und anzeigen.[45]

---

45 Zur bundesweiten Lage, Ursachen & Hintergründe, sowie zu erforderlichen Maßnahmen s. auch DStGB- Papier: Hass, Bedrohungen und Gewalt gegen Kommunalpolitiker*innen v. 17. Mai 2021 (Abrufbar unter: https://www.dstgb.de/themen/sicherheit/extremismus/neues-dstgb-papier-hass-bedrohungen-und-gewalt-gegen-kommunalpolitiker-innen/update-hassbedrohungengewalt-140521.pdf?cid=fka).

Prozesse als Zeitzeugen

Dr. Stefan Weismann

A. *Einführung*

Gerichtsverfahren sind oft Spiegel der Zeitgeschichte. Den Mord aus Eifersucht gibt es zu jeder Zeit unabhängig von den gesellschaftlichen, politischen und wirtschaftlichen Verhältnissen. Für einen Rückblick auf die letzten 50 Jahre Bonner Rechtsgeschichte interessanter sind diejenigen Prozesse, die nur aus der jeweiligen zeitlichen und politischen Situation gerade in Bonn geführt worden sind. Sie erinnern an die ehemalige Bundeshauptstadt Bonn als politisches Zentrum der alten Bundesrepublik, die auch heute noch aufgrund des Sitzes vieler Bundesbehörden besondere Bedeutung hat. Diese Verfahren sind „Zeitzeugen". In ihren „historischen" Kontext will ich sie einordnen und damit – aus dem Blickwinkel des Landgerichts – die letzten 50 Jahre Revue passieren lassen. Dies kann und soll nicht umfassend und wissenschaftlich sein. Es können nur Schlaglichter auf die letzten fünf Jahrzehnte geworfen werden.

B. *Der Bonner Rathaussturm am 10. April 1973*

Nach den Studentenrevolten des Jahres 1968 ist die erste Hälfte der 1970er Jahre von politischen Auseinandersetzungen geprägt. Vom Terrorismus der RAF über die linksextremen Gruppierungen bis hin zu eher konservativen Kreisen wird ganz dem Wahlkampfmotto von Willy Brandt „Mehr Demokratie wagen" gerade in der Bundeshauptstadt Bonn diskutiert und demonstriert. Der Vietnam-Krieg politisiert die Studentenschaft. An der Bonner Universität ist es ganz normal, „den Lehrstoff mit der gesellschaftlichen Realität abzugleichen". Demonstrationen verlaufen in der Regel friedlich. Nach der Theorie der extremen Linken ist jedoch Gewalt gegen Sachen unter dem Motto „Macht kaputt, was Euch kaputt macht" legitim.

Auch kommt es in Einzelfällen vor, dass es nicht bei der Gewalt gegen Sachen bleibt. So auch am 10. April 1973: Anlass ist der Staatsbesuch des südvietnamesischen Generals und Präsidenten Nguyen Van Thieu, der von erheblichen Protesten linker Studenten begleitet wird. Parolen wie „Thieu

- Henker aus Saigon - Raus aus Bonn!“ und „Keinen Pfennig für das Thieu-Regime - Alles für das Volk!“ erschallen. Etwa 60 Mitglieder der Kommunistischen Partei Deutschlands, der Liga gegen den Imperialismus und der Marxisten-Leninisten stürmen das Alte Bonner Rathaus am Marktplatz. Durch die Fenster fliegt Mobiliar auf das Pflaster. Vermummte hissen rote Flaggen und sprühen Kampfparolen an Türen und Wände. Als die Polizei anrückt, verbarrikadieren sich die Eindringlinge und widersetzen sich der Austreibung. Draußen bilden ca. 2.000 Demonstranten einen Wall gegen die Polizei. Es kommt zur Straßenschlacht: Tränengas und Schlagstöcke der Polizei gegen Pflastersteine der Demonstranten. Die Bilanz: 34 verletzte Polizisten und mindestens ebenso viele verletzte Demonstranten sowie ein Sachschaden von gut einer halben Millionen DM.

Von den zahlreichen Strafverfahren, die in der Folge am Amts- und Landgericht Bonn geführt werden, richtet sich das prominenteste gegen einen damals 25 Jahre alten Studenten der Pädagogischen Hochschule Lüneburg, der nach den Ausschreitungen in Untersuchungshaft genommen worden ist. Dieser soll einem Polizisten mit einer Eisenstange auf den Kopf geschlagen und ihn dadurch erheblich verletzt haben. Die Anklage lautet auf versuchten Totschlag, gefährliche Körperverletzung und Widerstand gegen die Staatsgewalt. Otto Schily, der spätere Bundesinnenminister, tritt als einer seiner Verteidiger auf. Die Hauptverhandlung ist von Tumulten der linken Sympathisantenszene begleitet. Deshalb findet sie nicht im Gebäude des Landgerichts, sondern in der abgelegenen Rosenburg statt und ist trotz einer hohen Polizeipräsenz geprägt von Störungen und Solidaritätsbekundungen aus der Sympathisantenszene. Nach vier Wochen endet der Prozess im November 1973 mit einer Verurteilung des Studenten „nur“ wegen gefährlicher Körperverletzung zu einem Jahr Freiheitsstrafe – ohne Bewährung. Die Strafe ist durch die Untersuchungshaft bereits weitgehend verbüßt.

C. Strafverfahren gegen Egon Franke

Die 1970er Jahre sind aber auch geprägt durch die Ostpolitik der sozial-liberalen Koalition. Unter dem Motto „Wandel durch Annäherung“ verfolgt sie zwei Ziele: zum einen eine vertragliche Regelung des innerdeutschen Verhältnisses mit dem Ziel der Friedenssicherung und der Entschärfung des Kalten Krieges und zum anderen die Erleichterung der zwischenmenschlichen Beziehung zwischen Ost- und Westdeutschen. Neben den von medialem Interesse begleiteten Verhandlungen, wie der Konferenz über Sicherheit und Zusammenarbeit in Europa 1973 in Helsinki, findet die Ostpolitik auch weitgehend im Stillen abseits der Öffentlichkeit statt.

Größere Aufmerksamkeit erfährt diese stille Diplomatie zwischen den beiden deutschen Staaten durch das Strafverfahren gegen Egon Franke, das ab dem Jahre 1985 die 1. große Strafkammer des Landgerichts Bonn beschäftigt. Egon Franke war zu Zeiten der sozial-liberalen Koalition von 1969 bis 1982 Bundesminister für innerdeutsche Beziehungen. Mit der Wahl von Helmut Kohl zum neuen Bundeskanzler am 1. Oktober 1982 verliert Franke sein Ministeramt. Sein Ministerialdirektor Edgar Hirt wird in den vorzeitigen Ruhestand versetzt. Mit dem Regierungswechsel gerät auch der Umgang der beiden mit öffentlichen Geldern in die Kritik und führt beide auf die Anklagebank. Der Vorwurf: Zwischen 1979 und 1982 seien knapp 6 Millionen DM, die insbesondere für den Freikauf von den Häftlingen aus der DDR bestimmt gewesen seien, für andere Zwecke verwendet und durch falsche Deklaration der parlamentarischen Kontrolle entzogen worden.

Nach mehr als 100 Prozesstagen wird Franke durch die Strafkammer unter der Leitung des Vorsitzenden Richters Wilfried Manthei vom Vorwurf der Untreue freigesprochen, da er von der Existenz der „schwarzen Kasse“ keine Kenntnis gehabt und sich bei der Behandlung der Flüchtlingsfreikäufe ganz auf seinen Abteilungsleiter verlassen habe. Dieser habe das Vertrauen des Ministers missbraucht, Belege gefälscht und die Hälfte der entnommenen Gelder für andere denn humanitäre Zwecke ausgegeben. Hirt wird wegen Untreue, Betrug und Urkundenfälschung zu einer Gesamtfreiheitsstrafe von 3 ½ Jahren verurteilt.

D. Das Lambsdorff-Verfahren

Die Ölkrise 1973 und eine einsetzende Rezession mit steigender Arbeitslosigkeit setzt dem Glauben der 1960er Jahre an stetig steigenden Wohlstand Mitte der 1970er Jahre ein jähes Ende. Damit erlahmt auch der Wille zu ausufernden politischen Diskussionen. Es ist die Zeit des pragmatischen Realismus des Bundeskanzlers Helmut Schmidt. In Publikationen und in der Wissenschaft wird weiter über die Gesellschaft diskutiert. Auf den Straßen wird es aber zusehends ruhiger und der Eintritt ins Berufsleben und das Behalten des Arbeitsplatzes rückt für weite Teile der Bevölkerung in den Vordergrund des Interesses. Die Schaffung der Rahmenbedingungen für Wachstum und wirtschaftliche Prosperität wird zu einem der Hauptthemen der Politik. All dies kulminiert in dem Wahlslogan von Helmut Kohl 1983 „Es müsse eine geistig-moralische Wende kommen“.

Denkt man an seinen eigenen, nach Ende seiner Amtszeit aufgedeckten Parteispenden-Skandal, erscheint einem dieses Wahlkampfmotto in der Rückschau allerdings eher fragwürdig.

In diese Wendezeit fällt einer der größten Skandale der Bonner Republik: die „Flick-Affäre". Hintergrund: Nach dem Tod seines Vaters hatte Friedrich Karl Flick Daimler-Benz-Aktien für rund zwei Milliarden DM verkauft. Um den Gewinn nicht versteuern zu müssen, suchte der Flickkonzern nach einem Ausweg und reinvestiert den Gewinn in andere Beteiligungen. Das Bundeswirtschaftsministerium bestätigte schließlich die „besondere volkswirtschaftliche Förderungswürdigkeit" der Investitionen mit der Folge der Steuerbefreiung. Dann entdeckten Ermittler im Schließfach einer Düsseldorfer Bank ein Kassenbuch: Penibel hatte dort der Chef-Buchhalter des Flick-Konzerns Bargeldzahlungen von bis zu 250.000 DM an „Freunde des Hauses" notiert. Sowohl Union und FDP als auch die SPD hatten insgesamt Millionenbeträge erhalten. Zwei Jahre lang beschäftigt sich ein Untersuchungsausschuss im Bundestag mit dem Skandal. Es kommt der Verdacht auf, dass die Gelder nicht nur der „allgemeinen politischen Landschaftspflege" dienten, sondern damit gezielt politische Entscheidungen wie die Steuerbefreiung für die Daimler-Benz-Milliarden beeinflusst worden waren.

Die Folge: Vor dem Bonner Landgericht muss sich Bundeswirtschaftsminister Dr. Otto Graf Lambsdorff, der mit Zulassung der Anklage zurücktritt, wegen Bestechung, Bestechlichkeit und Steuerhinterziehung verteidigen. Neben Lambsdorff angeklagt: sein Vorgänger als Wirtschaftsminister Dr. Hans Friderichs und der frühere Flick-Manager Eberhard von Brauchitsch.

Der Prozess vor dem Bonner Landgericht beginnt am 29. August 1985 und zieht sich über anderthalb Jahre unter der geduldigen und gründlichen Leitung des Vorsitzenden Hanns-Henning Buchholz hin. Die Anklage geht davon aus, dass der Flick-Konzern auf die Erteilung der Ministererlaubnis mittels Schmiergeldzahlungen an die mit der Sache befassten Amtsträger gezielt eingewirkt und dem Unternehmen dadurch auf rechtwidrige Weise einen Vorteil verschafft habe. Am 16. Februar 1987 wird das Urteil verkündet: Vom Vorwurf der Bestechung werden alle Angeklagten freigesprochen, da nach Überzeugung der Kammer trotz der „schwerwiegenden Verdachtsmomente" letztlich der Beweis dafür fehlt, dass die Angeklagten einvernehmlich eine Verknüpfung zwischen Zahlungen des Flick-Konzerns und Diensthandlungen der beiden Minister im Rahmen des Steuerbescheinigungsverfahrens hergestellt oder herzustellen versucht haben, auch weil beide aus ihrer wirtschaftsfreundlichen Haltung nie einen Hehl gemacht haben. Wegen Steuerhinterziehung und Beihilfe hierzu im Zusammenhang mit den Parteispenden erhält von Brauchitsch eine Bewährungsstrafe von zwei Jahren. Friderichs und Lambsdorff erhalten jeweils Geldstrafen: Lambsdorff eine solche von 180.000 DM, für seinen Amtsvorgänger Friderichs 61.500 DM. Die Richter veranschlagen den angerichteten Steuerschaden bei von Brauchitsch mit 16,7 Millionen DM, bei Lambsdorff mit 1,3 Millionen und bei Friderichs mit 1,6 Millionen DM. Die Revisionen gegen die Urteile ziehen die Angeklagten und die Staatsanwaltschaft später zurück.

Aus heutiger Sicht und nunmehr ständiger Rechtsprechung des Bundesgerichtshofes wären Freiheitsstrafen, die nicht hätten zur Bewährung ausgesetzt werden können, unumgänglich gewesen. Diese kurze historische Betrachtung offenbart damit auch den in der Gesellschaft und der Rechtsprechung gewandelten Umgang mit Steuerdelikten.

E. Morde an libyschen Dissidenten

Die 1980er Jahre sind nicht nur das Jahrzehnt politischer Skandale, sondern auch des aufkommenden libyschen Staatsterrorismus und des Kampfes des libyschen Revolutionsführers Muammar al-Gaddafi gegen die „Feinde der Revolution“ im In- und Ausland. Im Februar 1980 ruft er zu deren "physischer Vernichtung" auf.

Nur drei Monate später, am 10. Mai 1980, ist Omran al-Mehdawi, einst Wirtschaftsattaché der libyschen Botschaft und seit 1979 im Exil in Bonn, tot. Erschossen durch einen 25-jährigen Landsmann, der den Ex-Diplomaten in der Bonner Innenstadt auf offener Straße mit vier Schüssen niederstreckt. Anders als in anderen europäischen Metropolen, in denen sich in dieser Zeit ähnliche Morde an libyschen Oppositionellen ereignen, wird der Schütze noch am Tatort gestellt und verhaftet. Streit um Geld habe ihn zu dem Mord veranlasst, beteuert er zunächst ehe er sich zur Wahrheit durchringt: Ein Revolutionskomitee habe ihn entsandt, um den in Abwesenheit zum Tode verurteilten Omran al-Mehdawi "hinzurichten" – das sei das gute Recht des libyschen Volkes.

Die Verhandlung gegen ihn findet im Dezember 1980 unter hohen Sicherheitsvorkehrungen vor dem Schwurgericht des Landgerichts Bonn statt. Mit Urteil vom 22. Dezember 1980 wird der Schütze wegen Mordes zu einer lebenslangen Freiheitsstrafe verurteilt. Der Vorsitzende Schmitz-Justen findet in seiner Urteilsbegründung die treffenden Worte für den eigens wegen des Mordes eingereisten Angeklagten: Er sei ein „Handlungsreisender in Sachen Tod und Verderben“.

Das Verfahren sorgt in der Öffentlichkeit für großes Aufsehen, da man befürchtet, der libysche Staatspräsident werde Druck auf die Regierung ausüben und die Ölausfuhr aus Libyen in die Bundesrepublik stoppen, um die Auslieferung Omran al-Mehdawis nach Libyen zu erreichen. Doch Druck entsteht anderweitig: Im April 1982 werden in Libyen drei deutsche Staatsangehörige zu mehrjährigen, teils lebenslangen Strafen verurteilt. Die Libyer hatten ihnen zahllose – teils frei erfundene – Vergehen vorgeworfen. Zudem wird im Jahre 1983 ein weiterer deutscher Staatsangehöriger, ein seit Ende 1981 inhaftierter Mitarbeiter der Philipp Holzmann AG, in Libyen zu einer mehrjährigen Strafe verurteilt. Erst weigert sich der damalige Ministerpräsident von Nordrhein-Westfalten und spätere Bundespräsident Johannes Rau standhaft, dem Druck nachzukommen. Schließlich aber, nachdem weitere Deutsche festgesetzt worden sind, wird der Libyer 1983 gegen die vier Deutschen ausgetauscht.

Am Ostersamstag 1985 dann das Déjà-vu: Gebril el-Denali, eine prominente Figur der libyschen Opposition in der Bundesrepublik ist tot. Erschossen mitten im Getümmel der Bonner Innenstadt durch einen 29 Jahre alten Libyer – auch er extra für die Tat eingereist. Als el-Denali bereits getroffen am Boden liegt, erfolgt ein gezielter Genickschuss aus nächster Nähe, um die Tat sicher zu vollenden. Einem zufällig in der Nähe befindlichen Kriminaloberkommissar gelingt die Festnahme.

Sieben Tage verhandelt das Schwurgericht des Landgerichts Bonn über den Fall. Anders als 1982 leugnet die libysche Regierung eine Verantwortung: Man wisse davon nichts. Falls politische Motive im Spiel gewesen seien, dann solche privater Art. Auch der Angeklagte, der unmittelbar nach der Tat noch ein politisches Motiv genannt hatte, leugnet im Prozess einen staatlichen Auftrag und stellt die Tötung im Prozess nunmehr als „profanen“ Mord dar und gibt „Blutrache" wegen eines Bombenanschlags in Tripolis als Motiv an, bei dem seine Schwester ums Leben gekommen sei. Auf die Frage des Vorsitzenden, woher er 18.000 DM für Reise und Aufenthalt in Bonn bekommen habe, antwortet der Libyer „Geld spielt doch bei Blutrache keine Rolle.“ Die Staatsanwaltschaft ist sicher: Der Libyer habe seinen oppositionellen Landsmann in Bonn auftragsgemäß erschossen und Mittäter gehabt.

Das Gericht lässt dies letztendlich offen. In der Urteilsbegründung aber geht der Vorsitzende Schmitz-Justen auch auf die politischen Hintergründe ein: "Der Angeklagte ist nicht aus dem luftleeren Raum in unser Land eingefallen", vielmehr habe "der geistige Mutterboden" des revolutionären Regimes viel zu der "abscheulichen Tat" beigetragen. Eine Reihe Libyer, so der Vorsitzende Richter, sei "in die Zentren Europas katapultiert" worden, "um hier ihre sogenannte Mission durch Mord, Terror und Hass zu erfüllen. In Rom, London, Athen und Bonn hinterließen sie ihre blutigen Spuren, während sie in ihrer Heimat als Patrioten gefeiert werden."

F. NS-Verfahren gegen Graf von Korff

Im Jahr 1988 muss das Landgericht Bonn sich mit der NS-Vergangenheit beschäftigen: Vor dem Schwurgericht ist eine Anklage wegen Beihilfe zum Mord gegen Modest-Alfred Leonard Graf von Korff zu verhandeln. Dieser hatte von Juni 1942 bis Mai 1943 im Range eines SS-Hauptsturmführers die Dienststelle der Sicherheitspolizei und des Sicherheitsdienstes in Chalons-sur-Marne (Frankreich) geleitet. Die Staatsanwaltschaft wirft von Korff vor, daran mitgewirkt zu haben, dass mindestens 185 Juden über das Haftlager Drancy nach Ausschwitz verschleppt und dort getötet wurden. Da er auch Greise, Schwerkranke und Säuglinge verschickt habe, sei davon auszugehen, dass er den Zweck der Deportation, nämlich die Tötung der betroffenen Juden, gekannt habe.

Nach einer Hauptverhandlung über mehr als ein Jahr mit der Vernehmung zahlreicher Zeugen, u.a. von Kurt Lischka und des als "Schlächter von Lyon" bekannten Klaus Barbie, letzterer im Wege der Rechtshilfe im Lyoner Gefängnis, ist am 25. November 1988 die Urteilsverkündung anberaumt. Zu ihr sind aus Paris zahlreiche, als KZ-Häftlinge gekleidete Angehörige französischer Opfer angereist.

Als der Vorsitzende Martin Lickfett einen Freispruch verliest, bricht sich Unmut Bahn. Die erschienenen Angehörigen der jüdischen Opfer bringen ihre Wut über das Urteil lautstark zum Ausdruck ("Assassins", "Mörder", "Nazigericht"). Die Sitzung muss unterbrochen werden. Als sich selbst bei Wiedereintritt nach 10 Minuten der Lärm fortsetzt, werden die Störer des Saales verwiesen, einige lassen sich schreiend hinaustragen. Der Schwurgerichtsvorsitzende: "Es ist nicht unsere Aufgabe, die Vergangenheit zu bewältigen, sondern die Schuld eines einzigen Angeklagten zu prüfen." Und eine Schuld des Angeklagten im Sinne der Anklage habe der Prozess nicht mit der für eine Verurteilung erforderlichen Sicherheit ergeben. Nach der Beweisaufnahme stehe nicht fest, dass der Angeklagte bei seiner Mitwirkung an den Deportationen von deren eigentlichem Zweck gewusst habe. Seine Einlassung, er habe angenommen, sie würden ("nur") "zwangsumgesiedelt" und zum "Arbeitseinsatz" in den Osten gebracht, sei nicht widerlegt worden. Auch bei den scheußlichsten Verbrechen gelte der Grundsatz: Im Zweifel für den Angeklagten.

Auf die Revisionen der Staatsanwaltschaft und der Nebenkläger, die als Angehörige der verschleppten und in Auschwitz getöteten Juden am Verfahren beteiligt sind, bestätigt der Bundesgerichtshof den Freispruch.

G. Bauprozess um den Schürmann-Bau

Noch vor dem Umzug der Bundesregierung nach Berlin hatte der Bundestag Anfang der 1980er Jahre die Errichtung eines neuen Abgeordnetenhauses im Regierungsviertel in Bonn beschlossen. Nach Durchführung eines Architektenwettbewerbs wird der Architekt Joachim Schürmann mit den Planungen beauftragt und 1989 mit den Bauarbeiten begonnen. Die Fertigstellung des „Schürmann-Baus" ist ursprünglich für das Jahr 1995 geplant.

Im Dezember 1993, nachdem der Umzug der Bundestagsabgeordneten nach Berlin bereits beschlossen und ein Nachmieter für den zu diesem Zeitpunkt im Rohbau befindlichen Bau bereits gesucht wird, wird das Gebäude durch das „Jahrhunderthochwasser" des Rheins erheblich beschädigt. Am 22. Dezember 1993 dringt dieses bis an den Baustellenbereich vor, Wasser gelangt unter das Fundament des Gebäudes und der Rohbau wird um bis zu 70 cm aufgeschwemmt. Durch die anschließende Flutung der Untergeschosse können die auftriebsbedingten Hebungen nur teilweise rückgängig gemacht werden, das Gebäude verkantet sich.

Die Folge: Der Bund, die Rohbauunternehmen und die bauaufsichtführenden Architekten – der Namensgeber des Gebäudes Joachim Schürmann ist zum Zeitpunkt des Hochwassers schon nicht mehr zuständig, da er nur mit der Planung beauftragt war – streiten in einem der umfangreichsten Bauprozesse in der Geschichte des Bonner Landgerichts über Ursache und Ausmaß des Hochwasserschadens.

Der Prozess beginnt 1994 mit der Einleitung eines Beweissicherungsverfahrens, welches zu einem jahrelangen Baustopp und zu einer umfangreichen Begutachtung führt.

1997 reicht der Bund schließlich eine Schadensersatzklage gegen die Rohbauunternehmer und die bauüberwachenden Architekten ein und beziffert den durch den Auftrieb des Hauptbauwerks entstandenen Schaden mit 285,87 Millionen DM. Die 1. Zivilkammer gibt dieser im März 2000 nach umfangreicher Beweisaufnahme dem Grunde nach statt: Die Entfernung von Teilen des vorläufigen Hochwasserschutzes habe dazu geführt, das Wasser unter das Fundament gelangen konnte. Ein Mitverschulden des Bundes lehnt die Kammer ab. Auf die hiergegen eingelegte Berufung nimmt das Oberlandesgericht Köln ein hälftiges Mitverschulden des Bundes an. In den Plänen des Bauherren habe ein Konzept für die Herstellung eines endgültigen Hochwasserschutzes gefehlt. Die Mitverantwortlichkeit des Bundes gegenüber den Rohbauunternehmen wird anschließend durch den Bundesgerichtshof bestätigt.

Im November 2007 wird das Klageverfahren schließlich nach rund 10 Jahren durch Vergleich beendet. In dem eigens hierfür anberaumten Vergleichstermin, dem umfangreiche Gespräche der Beteiligten vorangegangen waren, verpflichten sich die Rohbauunternehmen zur Zahlung von 55 Millionen Euro an den Bund. Zwischen dem Bund und den bauaufsichtsführenden Architekten wird ein außergerichtlicher Vergleich geschlossen, über dessen Höhe die Parteien Stillschweigen vereinbarten.

Der Vorsitzende Richter der 1. Zivilkammer, Heinz Sonnenberger, spricht vom Abschluss einer „historischen Sache" und bedankt sich „für die fruchtvolle Zusammenarbeit, die es trotz vieler Streitpunkte gegeben" habe.

Seit 2002 wird das Gebäude als Zentrale und Funkhaus der Deutschen Welle genutzt. Der Architekt Joachim Schürmann erhält 2004 für das Bauwerk den Preis „Auszeichnung guter Bauten" des Bunds Deutscher Architekten Bonn-Rhein-Sieg.

H. Strafverfahren gegen Helmut Kohl

Gut 20 Jahre nach der „Flick-Affäre" und dem „Lambsdorff-Verfahren" kommt es zur „CDU-Spendenaffäre", die letztendlich in ein Strafverfahren gegen den ehemaligen Bundeskanzler Helmut Kohl mündet.

Die Affäre beginnt im November 1999 mit Ermittlungen gegen den damaligen CDU-Schatzmeister Walther Leiser Kiep. Dieser soll 1991 von dem Waffenhändler Karlheinz Schreiber 1 Millionen DM als Spende für die CDU erhalten und nicht versteuert haben. Bundeskanzler Kohl erklärt zunächst, er habe nichts von dieser Spende gewusst. Nachdem jedoch der ehemalige CDU-Generalsekretär Heiner Geißler einräumt, die CDU habe in der Ära Kohl „schwarze Konten" geführt, bestätigt Kohl am 30. November 1999 in einem Fernsehinterview die Existenz dieser Konten. Er habe zwischen 1993 bis 1998 2,1 Millionen DM verdeckter und damit illegaler Parteispenden an den Büchern der CDU vorbei angenommen. Den Spendern habe er sein Ehrenwort gegeben, ihre Namen nicht zu nennen. Daran werde er sich halten. Vorwürfe, politische Entscheidungen bei Waffenlieferungen und dem Verkauf der Mineralölraffinerien in Leuna seien käuflich gewesen, weist er entschieden zurück.

Im Januar 2000 nimmt die Bonner Staatsanwaltschaft Ermittlungen gegen Kohl wegen Untreue zum Nachteil der CDU auf. Im Februar 2001 beantragt sie bei der Wirtschaftsstrafkammer des Landgerichts die Zustimmung zur Einstellung des Verfahrens gem. § 153a StPO gegen Zahlung eines Geldbetrages in Höhe von 150.000 DM zugunsten der Staatskasse und weiteren 150.000 DM zugunsten einer karitativen Einrichtung. Die Kammer stimmt zu, begnügt sich jedoch nicht – wie bei § 153a StPO eigentlich üblich – mit einer bloßen Zustimmung, sondern begründet die Entscheidung wegen des erheblichen öffentlichen Interesses an dem Fall: Die Annahme der Staatsanwaltschaft, im Falle der anonym verbuchten Spenden liege der objektive Tatbestand einer Untreue zulasten der CDU -Bundespartei vor, sei bereits nicht zweifelsfrei. Das zeige sich u.a. daran, dass die vielfältigen Veröffentlichungen zu diesem Thema in den Fachzeitschriften und sonstigen Medien zu keiner eindeutigen rechtlichen Bewertung kämen. Zudem sei einerseits hervorzuheben, dass der Beschuldigte als damaliger Bundeskanzler und Parteivorsitzender der CDU gerade im Hinblick auf die in den 80er Jahren geführte Debatte um die Spendensammelpraxis der Parteien zu besonderer Sorgfalt Anlass gehabt hätte und insoweit auch seiner Vorbildfunktion besser hätte Rechnung tragen müssen. Andererseits gebe es weit überwiegende Milderungsgründe, nämlich sein über 50 Jahre währendes Engagement für die staatliche Gemeinschaft auf allen Ebenen der Politik sowie seine unbestrittenen Verdienste um die Schaffung einer europäischen Friedenszone im Allgemeinen, um die Aussöhnung mit den Nachbarn Deutschlands und um die deutsche Einheit im Besonderen. Es dürfe zudem nicht übersehen werden, dass die in Rede stehende Tat der nicht ordnungsgemäßen Verbuchung von Spenden nicht der persönlichen Bereicherung diente, sondern aus seiner Sicht dem Wohl der von ihm geleiteten Partei und damit im Beziehungsgeflecht seines politischen Engagements stand. Schließlich sei auch der erfolgte Täter-Opfer-Ausgleich – Kohl hatte im Rahmen einer legalen Spendensammelaktion 6 Millionen DM von Unternehmern und Prominenten gesammelt und selbst 700.000 DM beigesteuert, um den Schaden für die CDU abzumildern – strafmildernd zu berücksichtigen.

I. Kriegsfolgeprozesse: Brücke von Vavarin und Kundus

Während die 1950er und 1960er Jahre davon geprägt waren, die Aussöhnung mit den ehemaligen Kriegsgegnern und Opfern der national-sozialistischen Aggression zu erreichen und als Mitglied in die Völkergemeinschaft wieder aufgenommen zu werden, gewinnt die Bundesrepublik Deutschland in den 1970er und 1980er Jahren mehr und mehr an internationalem Ansehen und Gewicht. Dies führt aber auch zu mehr Verstrickungen in internationale Konflikte, wenn auch eine militärische Beteiligung der Bundeswehr zunächst undenkbar ist. Anfang der 1990er Jahre wird die Bundeswehr jedoch auch zu „friedenserhaltenden“ und „friedenssichernden“ Maßnahmen außerhalb der Bundesrepublik Deutschland eingesetzt. Nach der deutschen Wiedervereinigung setzt eine heftige Debatte über den Auslandseinsatz der Bundeswehr ein. Während die Grünen zunächst entschieden gegen eine Beteiligung der Bundeswehr sind, unterstützen sie mit dem Amtsantritt der Rot-Grünen Bundesregierung im Jahre 1998 derartige Einsätze. In der Folge wird auch das Landgericht Bonn mit diesen befasst und muss in zwei grundlegenden Zivilverfahren die Haftung der Bundesrepublik Deutschland für Kriegsfolgen klären.

Am 15.10.2003 beginnt vor dem Bonner Landgericht die Verhandlung gegen die Bundesrepublik Deutschland wegen eines Angriffs zweier mit Raketen bestückter Nato-Kampfflugzeuge auf eine Stahlbrücke über den Fluss Moravia unweit der serbischen Kleinstadt Varvarin am 30. Mai 1999 – elf Tage bevor die Kriegshandlungen der Nato im Kosovo-Konflikt eingestellt werden. Die Brücke in der 200 Kilometer südlich von Belgrad gelegenen Stadt ist nur viereinhalb Meter breit, kann von Autos nur einspurig überquert werden und wäre beim Passieren eines Militärkonvois vermutlich zusammengebrochen. Eine militärische Bedeutung ist nicht erkennbar. Wer die Kampfflugzeuge steuerte und welcher Nation sie zuzuordnen waren, wird von der Nato nicht bekannt gegeben. Spekuliert wird darüber, dass der Flussübergang mit einer 15 Kilometer entfernten Autobahnbrücke verwechselt worden ist. Getötet und verwundet werden vor allem Bewohner von Varvarin, die nach dem ersten Raketenbeschuss zu der zerstörten Brücke geeilt sind, um den verletzten Menschen zu helfen. Die Opfer und ihre Angehörige fordern rund 3,5 Millionen Euro von der Bundesrepublik. Das NATO-Mitglied Deutschland sei für den völkerrechtswidrigen Einsatz mitverantwortlich.

Am 10. Dezember 2003 weist die 1. Zivilkammer des Landgerichts die Klage ab. Bei der Urteilsbegründung erlaubt sich der Vorsitzende Richter persönliche Worte: "Es handelt sich hier um einen Rechtsstreit, bei dem man spontan helfen will". Aber weder deutsches Recht noch internationale Verträge böten Kriegsopfern einen Ansatz, individuelle Entschädigungsansprüche an gegnerische Länder zu stellen. Das könnten nur Staaten untereinander. Einzig die europäische Menschenrechtskonvention von 1950 räume Individualrechte ein. Doch ihr sei Jugoslawien zur Zeit des Kriegs noch nicht beigetreten. "Wir haben alles geprüft, wir haben es uns nicht leicht gemacht", so Sonnenberger. Die Frage nach der Völkerrechtswidrigkeit des NATO-Angriffes und der deutschen Mitverantwortung sei mangels Anspruchsgrundlagen nicht zu entscheiden. Die Klage blieb auch in allen weiteren Instanzen erfolglos.

Gut 10 Jahre später muss die gleiche Zivilkammer über die Klagen von zwei afghanischen Zivilisten gegen die Bundesrepublik Deutschland wegen der von einem Oberst der Bundeswehr angeordneten Bombardierung von zwei Tanklastern in der Nähe von Kundus in Afghanistan am 4. September 2009 entscheiden. Das Verfahren wird von Protesten begleitet. Unbekannte schreiben nachts Parolen an die Fassade des Landgerichts und bewerfen das Portal mit roten Farbbeuteln, was das Blut der Verwundeten und Getöteten symbolisieren soll.

Am 30. Oktober 2013 weist die Kammer die Klage ab, da dem Oberst keine schuldhafte Verletzung seiner Amtspflichten vorzuwerfen sei. Die Tanklaster habe er zu Recht als militärische Objekte identifiziert. Sie seien für die Logistik der Taliban nützlich und für einen möglichen Anschlag geeignet gewesen. Der deutsche Offizier habe auch die mögliche Anwesenheit von Zivilisten vor seiner Entscheidung ausreichend geprüft. Die ihm zur Verfügung stehenden Informationsquellen habe er genutzt. Auch aus der im Prozess in Augenschein genommenen Infrarot-Kameraaufnahme sei nicht ersichtlich gewesen, dass sich eine größere Anzahl von Zivilisten bei den entführten Tanklastern aufgehalten hätten.

J. Cum-Ex-Strafverfahren

Man könnte meinen, dass nach der Entscheidung für Berlin als Bundeshauptstadt und Verlagerung des Bundestages, des Bundesrates und der Bundesregierung Prozesse mit Bezug zur Politik schlagartig abgenommen hätten. Dies ist bis heute nicht so, weil zum einen einige Ministerien in Bonn durchaus noch präsent und zum anderen viele Bundesoberbehörden in Bonn angesiedelt worden sind.

War der Dienstsitz des Bundesministeriums der Verteidigung zuständigkeitsbegründend für die beiden Kriegsfolgen-Prozesse beim Landgericht Bonn ist es aktuell der Sitz des Bundeszentralamtes für Steuern in Bonn, der dazu führt, dass das Landgericht Bonn für sämtliche Verfahren zuständig ist, in denen zwischen 2007 und 2011 begangene Straftaten im Zusammenhang mit Cum-Ex-Geschäften angeklagt werden. Aktuell wird gegen über 800 Beschuldigte in 70 Verfahrenskomplexen ermittelt. Das Bundesministerium der Finanzen geht von einem Schaden für den deutschen Fiskus in Höhe von rd. 12 Milliarden Euro aus, andere Schätzungen von einem Gesamtschaden von bis zu 33 Milliarden Euro. Das erste Verfahren endete nach 44 Verhandlungstagen mit einem Schuldspruch für beide Angeklagten. Sowohl der Umfang des Verfahrensstoffs und die Komplexität der Geschäfte als auch die Prominenz vieler Beschuldigter stellt eine besondere Herausforderung für das Landgericht Bonn dar. Ich erwarte, dass innerhalb der nächsten 3 bis 4 Jahre viele weitere erstinstanzliche Strafkammern eingerichtet werden müssen, um dann schließlich mit insgesamt 10 Wirtschaftsstrafkammern nur Anklagen mit diesem Anklagegegenstand zu verhandeln. Die (erfolgreiche) strafrechtliche Aufarbeitung des „größten Steuerraubes der deutschen Geschichte", so die Bezeichnung einer großen deutschen Wochenzeitung, wird weit über diese Finanzgeschäfte hinauswirken und der sittenbildenden Funktion des Strafrechts im Bereich der Wirtschaftskriminalität wieder Geltung verschaffen. Die Revision wurde sowohl von den Angeklagten als auch von der Staatsanwaltschaft eingelegt, auch um die generelle Klärung grundlegender Rechtsfragen in diesem Bereich zu erhalten. Es ist zu hoffen, dass der Bundesgerichtshof schnell entscheidet, weil unzählige weitere Cum-Ex-Verfahren in den nächsten 11 Jahren bis zur absoluten Verjährung im Jahre 2031 geführt werden müssen.

K. Abschließendes

Schon diese kleine Auswahl von Straf- und Zivilverfahren belegt die eingangs getätigte These, dass Gerichtsverfahren Spiegel der Zeitgeschichte sind und sich aus ihnen Rückschlüsse auf die politische, gesellschaftliche, wirtschaftliche und kulturelle Verfassung zum Zeitpunkt des Verfahrens im Großen wie im Kleinen ziehen lassen. Mitunter können aus ihnen auch Folgerungen für die Zukunft entnommen werden. Schon deshalb lohnt zu Jubiläen der Rückblick.

Das Rechtsinformationssystem des Bundes – Geschichte, Gegenwart und Zukunft

Heinz-Josef Friehe und Christian Schubert[*]

A. Einleitung

2020 feierte das Bonner Juristische Forum sein 50-jähriges Jubiläum. Gemäß seiner Satzung hat es sich zur Aufgabe gemacht, Fragen der Rechtspolitik sowie der Rechtsfortbildung auf allen Gebieten des Rechts zu erörtern. Welche Fragen sich auf diesen Gebieten stellen, unterliegt dem gesellschaftlichen Wandel und dem technischen Fortschritt gleichermaßen.

Technischer Fortschritt - ohne ihn wäre in den letzten fünf Jahrzehnten an eine Bewältigung der stetig steigenden „Informationslawine“[1] kaum zu denken gewesen. Mit den Werkzeugen des Jahres 1970 wäre eine zielgerichtete Diskussion rechtlicher Fragen heute nur unter erheblichem Aufwand möglich[2] oder gar von vorneherein zum Scheitern verurteilt. Richtig diskutieren kann nur, wer richtig informiert ist[3].

Heute bezweifelt niemand mehr, dass das Rechtsinformationssystem des Bundes, eines der ehrgeizigsten Projekte des Bundesministeriums der Justiz überhaupt, insofern eine nicht wegzudenkende Hilfe für Gesetzge-

---

* Heinz-Josef Friehe war von 2012 bis 2020 Präsident des Bundesamts für Justiz und Mitglied im Beirat des Bonner Juristischen Forums. Christian Schubert leitet im Bundesamt für Justiz das Referat VII 1, Kompetenzzentrum Rechtsinformationssystem des Bundes. Die Verfasser danken Herrn Privatdozent Dr. Matthias Maetschke für wertvolle Hinweise.

1 In diesem Sinne bereits die grundlegenden Arbeiten von Bischoff, Die Informationslawine. Wie ist die Nachrichtenfülle zu bewältigen?, 1967, S. 247 f., zur Rechtsfindung und Rechtsanwendung; Fiedler, Rechenautomaten in Recht und Verwaltung, JZ 1966, 689 ff.; ders., Perspektiven juristischer Dokumentation, Forschung und Textbearbeitung mit Elektrorechnern, NJW 1968, 273 ff.; Simitis, Automation in der Rechtsordnung – Möglichkeiten und Grenzen, 1967; ders., Gesellschaftspolitische Implikationen juristischer Dokumentationssysteme, DVR 1974, 1 ff.

2 Bühnemann u.a., JURIS – Lösung der Informationskrise im Recht?, iur 1988, 154.

3 Anlehnung an den ersten Satz im Vorwort des Bundesjustizministers Gerhard Jahn zum Bericht der Projektgruppe BMJ / GMD / C-E-I-R, Das Juristische Informationssystem – Analyse, Planung, Vorschläge, 1972, S. 3: „Richtig entscheiden kann nur, wer richtig informiert ist.“

bung, Rechtsprechung und Forschung war und weiterhin ist[4]. Damit hat aber auch das Bundesamt für Justiz, wichtiger Bestandteil des Justiz-Standorts Bonn, einen Grund zu feiern. Denn das Rechtsinformationssystem des Bundes bestand im Jahr 2020 ebenfalls seit einem halben Jahrhundert. Seine Koordination sowie die Dokumentation des dort enthaltenen Bundesrechts sind seit 2013 als Aufgaben im Bundesamt für Justiz angesiedelt.

Gesetzgebung, Rechtsprechung und Verwaltung der Bundesrepublik Deutschland sind auf ein leistungsfähiges Rechtsinformationssystem angewiesen. Das gilt heute – in Zeiten der Digitalisierung und des eGovernment – sogar noch mehr als vor 50 Jahren. Auf Rechtsvorschriften und Gerichtsentscheidungen muss schnell und zuverlässig zugegriffen werden können. Dazu werden Gesetze und Verordnungen des Bundes genauso wie Entscheidungen des Bundesverfassungsgerichts, der obersten Gerichtshöfe des Bundes sowie des Bundespatentgerichts von den jeweiligen Dokumentationsstellen gesammelt, dokumentiert und in Datenbanken verfügbar gemacht. Hierbei kommt es entscheidend auf die Qualität der Daten und ihre Aufbereitung an. Gesetzgebung und Rechtsprechung können nur mit Rechtsinformationen arbeiten, deren Richtigkeit, Neutralität und Aktualität ständig geprüft und garantiert werden. Daten sind der „Treibstoff der Zukunft" oder „das neue Öl" des 21. Jahrhunderts[5]. Doch darf es sich dabei nicht um „Rohöl" handeln[6]. Das Rechtsinformationssystem des Bundes muss deshalb stetig weiterentwickelt werden, um den Möglichkeiten vernetzter Kommunikation über Staatsgrenzen hinweg noch Rechnung tragen zu können.

Aufgrund veränderter rechtlicher und wettbewerblicher Rahmenbedingungen soll das Rechtsinformationssystems des Bundes in Zukunft neu strukturiert werden. Die Koordination der verschiedenen Weiterentwicklungen muss dabei vom Bund selbst gesteuert werden. Dies leistet ein Kompetenzzentrum, das 2013 im Bundesamt für Justiz eigens für diese Aufgabe neu geschaffen wurde. Freilich agiert es nicht von einem Nullpunkt aus. Damit eine Neustrukturierung gelingen kann, ist es unerlässlich, die Entstehungsgeschichte des Rechtsinformationssystems und seiner rechtlichen wie wettbewerblichen Rahmenbedingungen zu verstehen.

---

4 So die damalige Bundesjustizministerin Sabine Leutheusser-Schnarrenberger in ihrem Grußwort in „Standort juris", Festschrift zum 10jährigen Bestehen der juris GmbH, 1995, S. 7 f.

5 Vgl. Entwurf eines Ersten Gesetzes zur Änderung des E-Government-Gesetzes, BT-Drs. 18/11614, S. 1.

6 Berkemann, Projekt „juris", „Standort juris", Festschrift zum 10jährigen Bestehen der juris GmbH, 1995, S. 5 f.

B. Rechtsinformationen im Wandel der Digitalisierung

I. Die Anfänge des Rechtsinformationssystems des Bundes

Ende der 1960er Jahre[7] fühlten sich die Bürger der Bundesrepublik von einer Flut an Informationen überrollt. Schlagwort war die sich neu entwickelnde *„industrielle Großgesellschaft"*[8]. Diese war gekennzeichnet durch eine zunehmende Technisierung, Spezialisierung, Bürokratisierung und Verflechtung aller sozialen Bereiche. Auch das Recht erschien den Zeitgenossen immer weniger durchschaubar. Die Gesetze, so wurde beklagt, seien so zahlreich und weitverzweigt, dass man sie kaum noch überblicken könne. Gerichtliche Entscheidungen ergingen in solcher Fülle, dass ihre Masse nur bei stetiger Sammlung und Auswertung zu bewältigen sei[9]. Hinzu komme das geradezu „lawinenartige Anwachsen der Literatur"[10].

Die schwindende Klarheit über die bestehende Rechtslage führte zu Missständen: ungewollt voneinander abweichende Gerichtsentscheidungen; Gesetze, die im Zeitpunkt des Erlasses schon veraltet waren und dadurch zu unverhältnismäßigem Aufwand bei der Klärung der aktuellen Rechtslage führten[11]. Es drohte nichts weniger als eine *„Informationskrise"* im Recht[12].

Die überkommenen Mittel der Informationserschließung hatten ihre Grenzen erreicht. Hierzu zählten Loseblattsammlungen, Fundhefte, Leitsatzkarteien[13] und Bibliothekskataloge. Selbst neue Produkte wie die Karlsruher Juristische Bibliografie, ein seit 1965 erscheinender Nachweis des

---

7 Schon im Jahr 1962 hat der Bundesrechnungshof auf die dringende Notwendigkeit zum Ausbau der wissenschaftlichen Dokumentation hingewiesen, nachzulesen bei JURIS, Juristisches Informationssystem, Projektbeschreibung (Stand: Mai 1978), S. 2.

8 Heinemann, Gesetzgebung und technischer Fortschritt, IBM-Nachrichten 1968, 82.

9 Heinemann, a.a.O.

10 Fiedler, Rechenautomaten in Recht und Verwaltung, JZ 1966, 695.

11 Fiedler, Perspektiven juristischer Dokumentation, Forschung und Textbearbeitung mit Elektronenrechnern, NJW 1968, 273.

12 Fiedler, a.a.O.; ders., Automatisierung im Recht und juristische Informatik (Teil 3), JuS 1970, 607.

13 Fiedler, Perspektiven juristischer Dokumentation, Forschung und Textbearbeitung mit Elektronenrechnern, NJW 1968, 274. Es sei erwähnt, dass die Rechtskartei des Bundessozialgerichts bereits im Jahr 1970 auf über 450.000 Karteikarten angewachsen war; vgl. Nagelsmeier-Linke, Automatisierte juristische Dokumentationssysteme, 1995, S. 115.

juristischen Schrifttums[14], brachten kaum Linderung. Auch die Rechtsprechung blieb von der „Informationskrise" nicht verschont. Einen anschaulichen Fall aus den 1960er Jahren findet man 1987 beschrieben, als der SPIEGEL über die JURIS Datenbank berichtete[15]. Der Richter am Bundesarbeitsgericht *Gustav Joachim* habe seinerzeit für eine ihn interessierende Rechtsfrage zur Beweiswürdigung in der hauseigenen Kartei des Gerichts nur einen einzigen Hinweis gefunden, was den Anschein erweckte, als gäbe es zu diesem Problem lediglich die eine, einzige angegebene Leitsatzentscheidung. Aus seiner Erfahrung war ihm allerdings sofort klar, dass dieser Befund täuschte und dass es noch weitere Entscheidungen geben musste. Ein mit der Durchführung einer Recherche beauftragter wissenschaftlicher Mitarbeiter fand nach mehrwöchiger Arbeit sage und schreibe 188 passende Urteilspassagen allein aus einem Jahr. Zudem ergab sich die „pikante Tatsache, dass ein und derselbe Senat im Januar anders entschieden hatte als im Juni und dass beide Entscheidungen von der ständigen Rechtsprechung eines anderen Senats des Bundesarbeitsgerichts abwichen. Sämtliche Entscheidungen standen wiederum im Widerspruch zur Rechtsprechung des Bundesgerichtshofs".

Doch in der Ferne zeichnete sich schon damals eine Lösung ab: die *„zweite technische Revolution"*, die den Siegeszug der *„Automation"* und der Datenverarbeitung einleitete. Die computergestützte Datenverarbeitung im Recht sollte vor allem bei der juristischen Dokumentation und Information Anwendung finden[16]. Nach gängigem Sprachgebrauch umfasste dies das Speichern, Ordnen und Aufbereiten von Rechtsinformationen in einer Weise, die ihr Wiederauffinden einfach machte[17]. Juristen und Juristinnen sollten also in die Lage versetzt werden, die einschlägige Rechtsgrundlage für die Lösung ihrer Fälle schnell und zuverlässig zu ermitteln. Die Interpretation des Rechts und die eigentliche Lösung des Rechtsproblems sollten hingegen dem menschlichen Sachverstand vorbehalten bleiben[18].

---

14 Leser, Rezension: Karlsruher Juristische Bibliographie, AcP 1966, 497-499.

15 DER SPIEGEL 33/1987 vom 10. August 1987, S. 33 ff.

16 Umfassend Fiedler, Perspektiven juristischer Dokumentation, Forschung und Textbearbeitung mit Elektronenrechnern, NJW 1968, 273 ff.; ders., Automatisierung im Recht und juristische Informatik (Teil 3), JuS 1970, 603 ff.; Heinemann, Gesetzgebung und technischer Fortschritt, IBM-Nachrichten 1968, 82.

17 Fiedler, Perspektiven juristischer Dokumentation, Forschung und Textbearbeitung mit Elektronenrechnern, NJW 1968, 274 f.; ders., Automatisierung im Recht und juristische Informatik (Teil 3), JuS 1970, 604.

18 Heinemann, Gesetzgebung und technischer Fortschritt, IBM-Nachrichten 1968, 83.

Bereits 1968 führte der damalige Bundesjustizminister und spätere Bundespräsident *Gustav Heinemann* in diesem Sinne aus[19]: „Da legislative Entscheidungen in einem bestimmten Bereich unter Umständen weittragende Reaktionen in anderen Bereichen auslösen können, ist bei jeder gesetzgeberischen Regelung zu prüfen, welche Auswirkungen die beabsichtigte Regelung auch auf andere Rechtsgebiete hat. Würde man unsere Gesetze und die dazu ergangenen Gerichtsentscheidungen in Computern aufnehmen, so wären diese in der Lage, besser und schneller, als dies Menschen vermögen, alle notwendigen Auskünfte zu erteilen. Alle Rechtsnormen und Entscheidungen, die mit dem Gesetzesvorhaben in Zusammenhang stehen, könnten kurzfristig aufgefunden, mehrdeutige oder sich widersprechende Gesetze sofort erkannt und geändert, Verweisungen auf andere Gesetze sogleich kontrolliert werden. Nicht weniger nützlich als eine solche automatisierte „Gesetzesbibliothek" wäre die elektronische Speicherung der gesamten juristischen Literatur, die in einem stetigen Wachstum begriffen ist."

Ebenfalls 1968 skizzierte der Kölner Habilitand *Herbert Fiedler* (1929-2015[20]) das *„juristische Informationssystem"* der Zukunft, welches Gesetze, Gerichtsentscheidungen, Verträge und Literatur enthalten solle – je nach Informationsbedürfnis als bloße Fundstellennachweise oder als Volltext[21]. Im Jahr 1970 erhielt *Herbert Fiedler* einen Ruf an die Universität

---

19 Heinemann, Gesetzgebung und technischer Fortschritt, IBM-Nachrichten 1968, 82.

20 Zur Biographie Heckmann, Vermittler zwischen den Welten, Prof. Dr. jur. Dr. rer. nat. Herbert Fiedler im Porträt, DGRI-Jahrbuch 2008, S. 159 ff., und Schweighöfer, Herbert Fiedler (1929-2015) – ein Nachruf, JurPC Web-Dok. 196/2015, abrufbar unter: https://www.jurpc.de/jurpc/show?id=20150196.

21 Fiedler, Perspektiven juristischer Dokumentation, Forschung und Textbearbeitung mit Elektronenrechnern, NJW 1968, 276; ders., Computer und die Justiz, JZ 1968, 557; später präzisiert in ders., Automatisierung im Recht und juristische Informatik (Teil 3), JuS 1970, 604 ff.

22 1955 promovierte ihn die rechts- und staatswissenschaftliche Fakultät der Georg-August-Universität Göttingen mit der Dissertation „Vorhaben und Versuch. Eine Untersuchung zu den Grundlagen der deutschen Rechtsprechung zu § 43 StGB" zum Dr. jur. Im Jahr 1969 habilitierte er sich an der rechtswissenschaftlichen Fakultät der Universität zu Köln mit der Arbeit über „Die Bestimmtheit der gesetzlichen Straftatbestände als methodisches und verfassungsrechtliches Problem". Überdies wurde Herbert Fiedler 1962 an der mathematisch-naturwissenschaftlichen Fakultät der Westfälischen Wilhelms-Universität Münster mit seiner Arbeit „Zur Stufenreduktion von Kalkülen" zum Dr. rer. nat. promoviert.

Bonn, wo er, von Haus aus Strafrechtler[22], einer der Begründer der Rechtsinformatik wurde[23].

Auch auf der Grundlage seiner Vorstudien setzte das Bundesministerium der Justiz 1970 eine Projektgruppe ein, um die Realisierungsmöglichkeiten eines juristischen Informationssystems zu prüfen[24]. Die aus Mitgliedern des Ministeriums, der auf Schloss Birlinghoven bei Bonn ansässigen Gesellschaft für Mathematik und Datenverarbeitung (GMD) und der Frankfurter Beratungsfirma C-E-I-R GmbH bestehende Projektgruppe „Juristisches Informationssystem“ begann am 15. September 1970[25] im Auftrag von Bundesjustizminister *Gerhard Jahn* und unter der Projektleitung von *Herbert Fiedler*[26], *Josef Fabry*[27] und *Friedrich Gebhardt*[28], die Möglichkeiten näher zu untersuchen, wie man der vielbeklagten Informationsfülle auf dem Gebiet der Gesetzgebung, der Rechtsprechung und der Rechtsliteratur mit Hilfe der elektronischen Datenverarbeitung begegnen könne[29].

Schon im Januar 1971, also noch vor dem Auftrag des Bundeskabinetts, stellte das Bundesministerium der Justiz das Projekt Vertretern der Bun-

---

23 Schweighöfer, Herbert Fiedler (1929-2015) – ein Nachruf, JurPC Web-Dok. 196/2015, abrufbar unter: https://www.jurpc.de/jurpc/show?id=20150196. Eine seiner Leistungen war auch eine präzise Definition, was unter einem juristischen Informationssystem zu verstehen ist: „Ein juristisches Informationssystem [...] wird verstanden als ein System zur umfassenden Information eines Aufgabenträgers für dessen juristische Aufgaben, insbesondere dessen juristische Entscheidungen.“ Ihm war bewusst: Große Rechtsinformationssysteme sind Millionenprojekte, deren Lebensdauer nach Jahrzehnten zu bemessen ist; Fiedler, Automatisierung im Recht und juristische Informatik (Teil 3), JuS 1970, 604 und 606.

24 Fabry, Juris – Ein umfassendes juristisches Informationssystem, Praxis der Informationsverarbeitung und Kommunikation (PIK) 1988, 60. Damit folgte das Ministerium auch den Empfehlungen des 48. Deutschen Juristentages; vgl. Verhandlungen des 48. Deutschen Juristentages, Band II, Datenverarbeitung im Recht, 1970, S. T 44/45.

25 Tags zuvor wurden die Verträge zur Gründung der Projektgruppe abgeschlossen.

26 Neben seiner Lehrtätigkeit an der Universität Bonn hatte Herbert Fiedler auch verschiedene Leitungsfunktionen in der GMD inne. Die GMD, seit 1995 Forschungszentrum Informationstechnik GmbH, wurde 2000/01 in die Fraunhofer-Gesellschaft zur Förderung der angewandten Forschung e.V. integriert.

27 Ministerialrat im Bundesministerium der Justiz, Bonn.

28 Mathematiker der C-E-I-R GmbH. Ab 1972 bis 1998 GMD, zuletzt tätig im Forschungsbereich Künstliche Intelligenz; weitere Informationen zum Lebenslauf abrufbar unter: http://www.friedrich-gebhardt.de/Beruf.htm.

29 Vgl. Zweiter Bericht der Bundesregierung über die Anwendung der elektronischen Datenverarbeitung in der Bundesverwaltung, BT-Drs. VI/648, S. 11; Bundesminister der Justiz, Bericht der Projektgruppe „Juristisches Informationssystem“, Bundesanzeiger Nr. 51 vom 14. März 1972, S. 5.

desgerichte in Bonn vor und nahm die Benutzungswünsche der Bundesrichter bei einem Diskussionsseminar entgegen[30]. Hierbei wurde auch der Arbeitskreis Rechtsprechungsdokumentation gegründet, welcher im weiteren Verlauf maßgeblichen Einfluss auf das Rechtsinformationssystem nahm[31]. Alsbald wurde dem Verband Deutscher Bibliothekare ein Fragenkatalog übersandt, verbunden mit einer Stellungnahme zum Projekt JURIS[32]. Ein 487-seitiger Bericht der Projektgruppe erschien Anfang 1972 unter dem Titel „Das Juristische Informationssystem – Analyse, Planung, Vorschläge, Bericht der Projektgruppe BMJ / GMD / C-E-I-R". Er untersuchte die rechtspolitischen, dokumentarischen, datenverarbeitungstechnischen und auch die finanziellen Probleme eines Juristischen Informationssystems[33].

Aus ähnlichen Projekten in den USA war bekannt, dass viele euphorische Erwartungen an die zeitliche Realisierbarkeit und daran, mit welchem Aufwand und welchen finanziellen Mitteln man bei der Forschung und Analyse von Benutzungsbedürfnissen auskommen könne, im Nachhinein enttäuscht wurden[34]. Die Verbesserung der Funktionsfähigkeit der Rechtsordnung sollte oberstes Ziel des zu schaffenden Juristischen Informationssystems sein. Bei den vier hierunter verorteten Teilzielen handelte

---

30 Vgl. Zielinski, Die Juristische Bundesdatenbank als rechtspolitisches Problem, JZ 1971, 410.

31 Der Arbeitskreis hat von Anfang an die Errichtung des juristischen Informationssystems des Bundes begleitet und den Sachverstand der Gerichte eingebracht. Die Bundesgerichte waren meist durch einen Richter und den leitenden Beamten der jeweiligen Dokumentationseinrichtung vertreten, und natürlich nahm auch das für das Projekt federführende Bundesministerium der Justiz mit jeweils mehreren Vertretern an den Sitzungen teil. Der Arbeitskreis hielt im März 1973 in Berlin seine erste Sitzung ab und stellte seine Arbeit mit seiner 25. Sitzung im Oktober 1985 in Bonn ein.

32 Der Fragenkatalog findet sich in den Mitteilungen der AjBD 1971, 3. Er wurde auch auf dem 61. Deutschen Bibliothekartag vom 1. bis 5. Juni 1971 in Köln besprochen und in den Mitteilungen der AjBD 1971, 4 ff., beantwortet.

33 Nahezu zeitgleich führte die GMD gemeinsam mit dem Bundesministerium der Justiz das Projekt „Juristische Testdatenbasis" durch, um Erfahrungen bei der Erfassung und Verarbeitung großer Mengen an Daten, hauptsächlich aus dem Bereich des Verfassungsrechts, zu sammeln. Vgl. Nagelsmeier-Linke, Automatisierte juristische Informationssysteme, Gegenwärtiger Stand ihrer Entwicklung und ihre Bedeutung für die bibliothekarische Praxis, 1980, S. 114.

34 JURIS, Juristisches Informationssystem, Projektbeschreibung (Stand: Mai 1978), S. 3.

es sich um Rechtsinnovation, Rechtssicherheit, Beschleunigung der Entscheidungsprozesse und um Transparenz[35].

Auf Grundlage des Berichts der Projektgruppe wurde Bundesjustizminister *Gerhard Jahn* durch Beschluss vom 12. September 1973 vom Bundeskabinett mit dem Aufbau eines Juristischen Informationssystems beauftragt: „Innerhalb von sechs Jahren sollte ein praktisch nutzbares Auskunftssystem für die Gebiete des Steuerrechts, des Sozialrechts und einen Teil des Privatrechts aufgebaut werden. Ziel dieses Juristischen Informationssystems sollte sein, dem Benutzer die Informationen über die bestehenden Vorschriften, über die Rechtsprechungspraxis und die wissenschaftliche Literatur zu vermitteln, die er als Entscheidungsgrundlage seiner täglichen Arbeit benötigt. Das Juristische Informationssystem sollte so der Erleichterung der Gesetzgebungsarbeit dienen, eine einheitliche Rechtsanwendung fördern und damit die Rechtssicherheit erhöhen."[36]

Das Vorhaben war mit den Justizverwaltungen der Länder abgestimmt. Am 17. Dezember 1974 verabschiedete die Bundesregierung das Programm zur Förderung von Information und Dokumentation („IuD-Programm" 1974-1977) und bezog das Projekt „JURIS" ausdrücklich mit ein[37]. Wie vom Bundeskabinett gefordert, wurde in diesem Zusammenhang aufgrund einer Vereinbarung zwischen dem Bundesministerium der Justiz, dem Bundesministerium für Arbeit und dem Bundessozialgericht

---

35 „Das Juristische Informationssystem – Analyse, Planung, Vorschläge, Bericht der Projektgruppe BMJ/GMD/C-E-I-R", 1972, S. 35 f.; Fabry, Aufbau eines juristischen Informationssystems, Datenverarbeitung, 1972, S. 141 ff.; ders. rückblickend, Fünfzehn Jahre Entwicklung juristischer Informationssysteme – Erwartungen und Erreichtes, Mitteilungen der AjBD 1984, 1 ff.

36 Bundesanzeiger Nr. 174 vom 15. September 1973, S. 3.

37 Programm der Bundesregierung zur Förderung der Information und Dokumentation (IuD-Programm) 1974-1977, FIS 11 (Recht), Nr. 2.1.5, S. 31. Ein Zwischenergebnis findet sich in JURIS, Juristisches Informationssystem, Projektbeschreibung, Stand: Mai 1978, S. 43 ff. - Seit August 1975 stand JURIS ein eigener Rechner zur Verfügung. Über ein Datenverarbeitungsnetz waren 15 Benutzungsstationen jeweils mit mindestens einer Datensichtstation und einem Drucker angeschlossen (Bundessozialgericht, Landessozialgerichte Berlin, Bremen, Essen, Mainz, München, Schleswig und Stuttgart, Bundesfinanzhof, Bundesministerium der Justiz, Bundesministerium der Finanzen, Bundesministerium für Arbeit und Soziales, Bundesversicherungsamt, Universität Regensburg und Kassenärztliche Vereinigung in Köln). Die Benutzungsgebühr pro Teilnehmer belief sich auf 3.400 DM pro Monat und wurde über den Haushalt des Bundesministeriums der Justiz abgewickelt. Ein Nachlass von 20% wurde für diejenigen Gerichte und Behörden gewährt, die zuverlässig aufbereitetes Dokumentationsmaterial anlieferten.

eine Projektgruppe Sozialrecht gegründet. Diese entwickelte eine sozialrechtliche Datenbank unter Zuhilfenahme eines Systems von Siemens. Parallel wurde zusammen mit dem Bundesministerium der Finanzen und dem Bundesfinanzhof ein Teilprojekt Steuerrechtsdokumentation aufgebaut. Hier aber wurde eine Datenbank mit einer IBM-Anlage der Universität Bonn geschaffen[38].

Die Siemens-Datenbank nutzte das Retrieval System (Abfragesprache) GOLEM[39], während IBM mit dem Retrieval-System STAIRS[40] arbeitete[41].

Nach der Erprobung dieser und anderer auf dem Markt angebotener Programmpakete fand eine „sehr detaillierte Ausschreibung“ des Bundesministeriums der Justiz statt, auf welche sich nur die Firmen Siemens und IBM bewarben[42]. 1975 fiel die Entscheidung, welches der beiden Systeme

38 Fabry/Warnstädt, Das Juristische Informationssystem Juris, Rivista Informatica e Diritto 3/1976, 353 f.

39 GOLEM steht für „großspeicherorientierte listenorganisierte Ermittlungsmethode“ und wurde anlässlich der Olympischen Spiele von 1972 in München entwickelt. Der Bearbeitungsablauf für ein bereits mittels eines Textverarbeitungsprogramms geschriebenes Dokument sah wie folgt aus: Das Dokument wurde durch Datenfernübertragung an JURIS übermittelt und dort in das maschinenlesbare JURIS-Format konvertiert. Danach wurde das Dokument mit den Programmen PARAT und PASSAT aufbereitet; vgl. JURIS, Juristisches Informationssystem, Projektbeschreibung, Stand: Mai 1978, S. 30 ff.; Bund, Einführung in die Rechtsinformatik,1991, S. 266 ff.

40 Abkürzung für „storage and information retrieval system“, vgl. zur Funktionsweise Bund, Einführung in die Rechtsinformatik, 1991, S. 266. - Das Rechtsinformationssystem Österreichs wurde bis Ende 1999 auf der Basis des Retrieval-Systems STAIRS betrieben, vgl. hierzu Weichsel, Das Rechtsinformationssystem und die BGBL-Kundmachung, International Trends in Legal Informatics, Festschrift für Erich Schweighofer, 2000, S. 361 ff.

41 „Information Retrieval“ im engeren Sinne ist definiert als das Suchen und Auffinden bestimmter Informationen innerhalb eines gespeicherten Informationsbestandes. Ein „Information Retrieval System“ hat außer diesen Suchfunktionen noch Aufgaben, die das Aufbereiten, Speichern und Verwalten der Informationen beinhalten. Die im Retrieval System gespeicherten Informationen besitzen eine beliebige Struktur – ein wichtiger Unterschied zu den Datenbanksystemen, wo die immer in Tabellenform gespeicherten Informationen innerhalb der Datenbank die gleiche Struktur besitzen: Mohrenweis, Die Siemens Retrieval Systeme TAURUS und GOLEM, Vernetzte und komplexe Informatik-Systeme, Industrieprogramm zur 18. Jahrestagung der Gesellschaft für Informatik, Hamburg, 18./19. Oktober 1988, S. 108.

42 JURIS, Juristisches Informationssystem, Projektbeschreibung (Stand: Mai 1978), S. 35.

der weiteren Entwicklung zugrunde liegen würde, zugunsten von Siemens aus[43].

Im August 1975 wurde die Siemens-Rechenanlage im JURIS-eigenen Rechenzentrum in Köln installiert[44]. Als drittes Teilprojekt des JURIS-Entwicklungssystems baute das Bundesministerium der Justiz wegen der hohen praktischen Relevanz die Dokumentation des Schadensrechts sowie des Straßenverkehrs- und Versicherungsrechts auf[45].

Derweilen spitzte sich die Informationskrise weiter zu. In der stetig zunehmenden Gesetzesflut wurde bisweilen gar eine Gefährdung der rechtsstaatlichen Ordnung selbst gesehen[46]. Der damalige Bundesjustizminister *Hans-Jochen Vogel* bemerkte in der Debatte über den Bundeshaushalt am 25. Januar 1978 zum Thema „Übermaß an Gesetzen“, es sei „eigentlich schwer begreiflich, dass ein Staat wie der unsere die Frage: Wie sieht unsere geltende Rechtsordnung aus? fast an keiner Stelle zuverlässig beantworten kann. [...] Die Frage: Was gilt von A bis Z? kann noch nicht einmal das Justizministerium, geschweige denn irgendeine andere Stelle beantworten, und für die Länder und Gemeinden schon gar nicht."[47] Auf seinen Vorschlag hin beschloss die Bundesregierung am 15. November 1978 schließlich, das geltende Bundesrecht textlich zu erfassen, zu bereinigen, bei künftigen Änderungen fortzuschreiben und automatisiert dokumentieren zu lassen[48]. Die Normendokumentation des Bundes war damit geboren. Geschaffen wurde sie nicht zuletzt mit dem Ziel, das geltende Recht zu reduzieren und zu vereinfachen[49].

---

43 Beide angebotenen Systeme erfüllten nicht sämtliche Anforderungen an JURIS, waren prinzipiell aber gleichwertig. Ausschlaggebend war, dass eine aus Fördermitteln beschaffte Siemens-Anlage einer Verwendung in der Bundesverwaltung zugeführt werden musste, vgl. JURIS, Juristisches Informationssystem, Projektbeschreibung, Stand: Mai 1978, S. 35 und 36.

44 Fabry/Warnstädt, Das Juristische Informationssystem Juris, Rivista Informatica e Diritto 3/1976, 356.

45 JURIS, Juristisches Informationssystem, Projektbeschreibung (Stand: Mai 1978), S. 22 f.; Schliebs, Dokumentationsstelle, Nachschlagewerk und Entscheidungsversand des Bundesgerichtshofs, Festschrift aus Anlaß des fünfzigjährigen Bestehens von Bundesgerichtshof, Bundesanwaltschaft und Rechtsanwaltschaft beim Bundesgerichtshof, 2000, S. 762.

46 Vgl. die Nachweise bei Vogel, Zur Diskussion um die Normenflut, JZ 1978, 231 ff.

47 BT-Prot. 68. Sitzung vom 25. Januar 1978, S. 5390 C und D.

48 Vgl. Schlagböhmer, Rechtsinformationssysteme, insbesondere JURIS, JZ 1990, 267 f.

49 Vogel, Zur Diskussion um die Normenflut, JZ 1978, 325.

II. Von der (Teil-)Privatisierung von JURIS bis hin zur Gegenwart

Mit Kabinettsbeschluss vom 18. Juli 1984[50] wurde Bundesjustizminister *Hans A. Engelhard* beauftragt, JURIS, bis dahin eine Referatsgruppe im Bundesministerium der Justiz[51], auszugliedern und in die „juris GmbH Juristisches Informationssystem für die Bundesrepublik Deutschland" zu überführen; die Gesellschaft sollte zunächst im alleinigen Bundeseigentum verbleiben. Bis dahin waren immerhin ca. 90 Millionen DM Entwicklungskosten angefallen[52]: „Es entspreche dem Verständnis der Bundesregierung, daß die Produktion und der Vertrieb von Fachinformationen, wie sie JURIS liefere, grundsätzlich Aufgabe der privaten Wirtschaft sei. Der Bund habe hier im Interesse der Allgemeinheit eine sinnvolle und nützliche Starthilfe geleistet. Die weitere Mitwirkung des Bundes an JURIS werde sich auf das Maß beschränken, das zur Wahrung öffentlicher Interessen an dem Projekt unumgänglich sei."[53]

Am 27. November 1984 beschloss das Bundeskabinett, den Standort der juris GmbH nach Saarbrücken zu verlegen[54], unter anderem, weil es das

---

50 Vgl. Der Bundesminister der Justiz, Computer hält Einzug in das Recht, Mitteilung des Bundesministers der Justiz, Mitteilungen der AjBD 1984, 143 ff., und Weis, Verfassungsrechtliche Fragen einer weiteren Privatisierung der juris GmbH, Gutachten, Bundesanzeiger Nr. 82a vom 30. April 1996, S. 7 f.

51 Ausweislich der Antwort auf eine Kleine Anfrage (BT-Drs. 10/1647, S. 4) arbeiteten im Jahre 1984 im Bundesministerium der Justiz 46 Personen an Betrieb und Ausbau von JURIS mit. Hinzu kamen mit JURIS-Aufgaben betraute Beschäftigte beim Bundesministerium der Finanzen und bei den obersten Gerichtshöfen des Bundes. Laut Stewen, Rechtsdatenbank als Wirtschaftsgut, „Standort juris", Festschrift zum 10jährigen Bestehen der juris GmbH, 1995, S. 56, lagen die Personal- und Sachkosten für das Entwicklungssystem ab dem Jahr 1980 bereits bei weit über 8 Millionen DM jährlich.

52 Der Bundesminister der Justiz, Computer hält Einzug in das Recht, Mitteilungen der AjBD 1984, 144. Siehe auch Bruss, Die Verträge zwischen der juris GmbH und der Bundesrepublik Deutschland – Angriff auf die Gemeinfreiheit?, HFR 2013, 16, Rn. 2. Nach anderen Angaben wurden bis zum Jahr 1982 bereits 100 Millionen DM verbraucht; vgl. Tiling, JURIS – pro und contra, CR 1985, 53; ders., Die Sicht eines Wirtschaftsjuristen, CR 1988, 436 f.

53 Der Bundesminister der Justiz, Computer hält Einzug in das Recht, Mitteilungen der AjBD 1984, 144.

54 Im Protokoll der 64. Kabinettssitzung am 27. November 1984 heißt es hierzu: „BM Windelen legt im einzelnen die für Kassel sprechenden Argumente dar und hebt dabei insbesondere die Lage im Zonenrandgebiet hervor. BM Bangemann zählt die für Saarbrücken sprechenden Gründe auf und unterstreicht dabei, daß die günstige Lage zu Frankreich und Luxemburg eine gute Ausgangsposition im europäischen Sinne bedeute. BM Genscher unterstützt diesen Vorschlag mit dem

Saarland „hinsichtlich der Vergabe bundesweiter Einrichtungen stiefmütterlich" behandelt sah[55]. Neben dem Willen, eine strukturschwache Regionen fördern zu wollen, waren aber sicherlich auch sachliche Vorteile, mit denen der Standort für sich werben konnte, ausschlaggebend dafür, dass Saarbrücken unter insgesamt 27 Städten, die sich beworben hatten, den Zuschlag erhielt: die informationswissenschaftliche Ausrichtung der dortigen Universität sowie die mit der Nähe zu Luxemburg, Brüssel und nicht zuletzt Frankreich verbundene Internationalität[56].

Und noch immer liefen die Datenbanken auf dem System GOLEM[57]. Die juris GmbH wurde am 21. Oktober 1985 in das Handelsregister des Bonner Amtsgerichts eingetragen[58]. Seit ihrer Gründung ist die juris GmbH als Verwaltungshelfer für die Bundesrepublik Deutschland bei Aufbereitung und Bereitstellung von Rechts- und Verwaltungsdokumenten tätig.

Zwei erfahrene „JURIS-Experten" des Bundesministeriums der Justiz, Ministerialrat *Werner Stewen* und Regierungsdirektor *Gerhard Käfer*, wurden vom Bund beurlaubt und erste Geschäftsführer der juris GmbH[59]. Der Bund „öffnete damit den Markt für eine ganz neue Dienstleistung, die juristische Dienstleistung in elektronischer Form"[60].

Hinweis, daß das Saarland infolge seiner späten Eingliederung in die Bundesrepublik nur über eine verhältnismäßig geringe Ausstattung mit Behörden und Einrichtungen des Bundes verfüge. Dies müsse besonders gegenüber dem Land Hessen gelten. Nachdem das Kabinett gegen die Stimme von BM Engelhard ein Verbleiben in Bonn abgelehnt hat, beschließt es gegen die Stimmen von BM Windelen und BM Blüm, die sich für Kassel aussprechen, JURIS nach Saarbrücken zu verlegen." Seit dem 1. Juli 1987 ist Saarbrücken Sitz der juris GmbH.

55 JURIS: neuer Standort Saarbrücken. Recht. Eine Mitteilung des Bundesministers der Justiz vom 27. November 1984, Mitteilungen der AjBD 1985, 42.

56 Vgl. Zimmermann, Argumentation für das Saarland als Sitz einer JURIS-GmbH, Veröff. der FR 5.5 Informationswissenschaft, Saarbrücken, Universität des Saarlandes, 1984, abrufbar unter: https://zimmermann.infowiss.net/pdf/1984i.pdf.

57 Fabry, Juris – Ein umfassendes juristisches Informationssystem, Praxis der Informationsverarbeitung und Kommunikation (PIK) 1988, 63.

58 Zur Diskussion um die Rechtsform siehe Pannier/Uhlig, Welche Rechtsform für JURIS in der Zukunft?, Mitteilungen der AjBD 1982, 75 ff.

59 Vgl. DER SPIEGEL 33/1987 vom 10. August 1987, S. 33 ff. Aktuell sind Samuel van Oostrom (seit 2001) und Johannes Weichert (seit 2010) Geschäftsführer der juris GmbH.

60 Käfer, juris auf dem Weg ins nächste Jahrtausend, „Standort juris", Festschrift zum 10jährigen Bestehen der juris GmbH, 1995, S. 57. Die GmbH kaufte das Entwicklungssystem vom Bund für 40 Millionen DM. Sie bedurfte jedoch einer erheblichen Anlauffinanzierung von 35 Millionen DM. Siehe Stewen, Rechtsdaten-

Die Anfänge auf dem freien Markt gestalteten sich dabei schwierig. Im ersten Jahr erwirtschaftete die Gesellschaft einen Umsatz von lediglich zwei Millionen DM[61]. Dies mag teilweise daran gelegen haben, dass ca. 90% des ursprünglichen Personals, nicht zuletzt aus Verbundenheit zur damaligen Bundeshauptstadt Bonn und zum Ministerium, den Weg ins Saarland, zugleich aus dem Staatsdienst in die Privatwirtschaft, scheuten[62]. Andererseits orientierten sich die Inhalte der Datenbank noch stark an den Bedürfnissen der Legisten, d.h. der Verfasser von Gesetzentwürfen, und der Bundesrichter[63]. Auch dass man zur Recherche eine komplexe Retrieval-Sprache beherrschen musste, die für die Nutzung zunächst unerlässlich war, trug mit Sicherheit einen erheblichen Teil zu den Startschwierigkeiten bei[64].

Mit der Zeit nahm die Akzeptanz der Datenbank in dem Maße zu, wie die juris GmbH wesentliche technische Verbesserungen vornahm und sich immer enger an den Wünschen der Benutzer und Benutzerinnen orientierte. Hervorzuheben sind die Offlinenutzung der Datenbank durch die im Jahr 1988 getroffene Entscheidung, juristische CD-ROMs zu vertreiben[65], und die Einführung der Recherchesoftware juris-FORMULAR im Jahr 1992[66]. Die für die Nutzung von GOLEM erforderliche Beherrschung einer wenig intuitiven Retrieval-Sprache gehörte damit der Vergangenheit an, auch wenn der Gebrauch des Suchformulars sicherlich nicht mit dem selbstverständlichen Komfort der heutigen Suchmöglichkeiten verglichen werden kann[67].

---

bank als Wirtschaftsgut, „Standort juris", Festschrift zum 10jährigen Bestehen der juris GmbH, 1995, S. 48, 50 Fn. 6.

61 Käfer, juris auf dem Weg ins nächste Jahrtausend, „Standort juris", Festschrift zum 10jährigen Bestehen der juris GmbH, 1995, S. 54.

62 Stewen, Rechtsdatenbank als Wirtschaftsgut, „Standort juris", Festschrift zum 10jährigen Bestehen der juris GmbH, 1995, S. 51.

63 Stewen, Rechtsdatenbank als Wirtschaftsgut, „Standort juris", Festschrift zum 10jährigen Bestehen der juris GmbH, 1995, S. 52.

64 Vgl. Fabry, JURIS – Ein umfassendes juristisches Informationssystem, DV und Recht 1988, 63; Stewen, Rechtsdatenbank als Wirtschaftsgut, „Standort juris", Festschrift zum 10jährigen Bestehen der juris GmbH, 1995, S. 53.

65 Vgl. Käfer, juris auf dem Weg ins nächste Jahrtausend, „Standort juris", Festschrift zum 10jährigen Bestehen der juris GmbH, 1995, S. 57.

66 Jubiläumszeitschrift der juris GmbH 2015, S. 3.

67 Zu den Funktionalitäten siehe Viefhues, juris in neuem Gewande, Die neue Benutzeroberfläche juris-FORMULAR (Teil 1), JurPC 1993, 1931 ff. Das bedeutet nicht, dass eine Nutzung von GOLEM nicht sogar präzisiere Ergebnisse hervorbringen konnte; vgl. Hansen, juris am häuslichen Arbeitsplatz des Richters, Ar-

Durch die Entwicklung von neuen Rechercheoberflächen über jurcom5 bis hin zu jurisWeb im Jahr 1998 leistete die juris GmbH sodann Pionierarbeit für die Bereitstellung von Rechtsinformationen im Internet[68]. Auch die Recherche konnte nun unmittelbar über das Internet erfolgen. Überdies wurden die verschiedenen Dokumente in den verschiedenen (immer noch unter GOLEM laufenden) Datenbanken der juris GmbH durch Hyperlinks miteinander verknüpft, so dass beispielsweise von der Rechtsprechung direkt auf die zitierende Literatur oder auf die einschlägigen Gesetze zugegriffen werden konnte[69]. Da der Lebenszyklus der alten GOLEM-Datenbanken langsam zum Ende kam und die Weiterentwicklungen und Pflege immer aufwendiger wurden, stellte die juris GmbH die Technologie auf ein Linux-System um[70].

2001 organisierte die Corporate-Finance-Beratung von PriceWaterhouseCoopers die Auswahl eines Investors zur Umschichtung der Gesellschafteranteile und zur Teilprivatisierung. Der niederländische Verlag Sdu wurde nach dem Bund, der bis dahin 94,34% der Anteile hielt, zweitgrößter Anteilseigner mit 45,33%[71]. Sdu ist mittlerweile Teil der französischen Verlagsgruppe Lefebvre Sarrut, des führenden Fachverlags in Frankreich[72]. Der Bund hält heute noch 50,01% der Anteile an der juris GmbH.

Die Orientierung am Bedarf der Kundschaft (z.B. aktuell durch die sog. Recherche 3.0), eine enge Zusammenarbeit mit den Dokumentationsstellen der höchsten Gerichtsbarkeiten, eigene Autoren und Dokumentare, eine übergreifende Allianz mit Verlagen und kontinuierliches Wachstum haben die juris GmbH nach eigenen Angaben zum führenden Onlineportal für Rechtsinformationen in Deutschland gemacht. Heute hat das Unternehmen rund 240 Beschäftigte in Saarbrücken, Frankfurt und Ber-

---

beitsbericht eines Betroffenen, JurPC 1996, 453, unter Berufung auf Ruffing, NJW-CoR 1994, 27.

68 Juris Brief 2010, Nr. 2, S. 4. Die Datenbank Beck-Online des konkurrierenden Fachverlages C. H. Beck wurde erst im Jahr 2001 gestartet.

69 Junker, Impressionen von der Infobase 2001, JurPC Web-Dok. 0126/2001, Abs. 5, abrufbar unter: https://www.jurpc.de/jurpc/show?id=20010126.

70 Dabei wurde das Gesamtsystem aus vielen einzelnen Bausteinen selbst entwickelt. Anfang 2007 wurden alle Nutzerinnen und Nutzer auf die Online-Version juris.de umgestellt. Zudem wurde eine neue Dokumentationsumgebung entwickelt, vgl. Juris Brief 2007, Nr. 2, S. 2 und 11.

71 Bei Sdu handelte es sich ebenfalls um ein ehemaliges Staatsunternehmen (Staatsdrukkerij en Uitgeverij), welches bereits 1988 privatisiert wurde; vgl. Junker, Impressionen von der Infobase 2001, JurPC Web-Dok. 0126/2001, Abs. 3, https://www.jurpc.de/jurpc/show?id=20010126, zuletzt eingesehen am 8. April 2021.

72 Abrufbar unter: https://www.lefebvre-sarrut.eu.

lin[73]. Sein Umsatz belief sich 2019 auf fast 57 Millionen Euro, wobei ein Gewinn vor Steuern in Höhe von ca. 12,6 Millionen Euro erwirtschaftet werden konnte[74].

C. Staatsaufgaben im Bereich des Rechtsinformationssystems – Die Dokumentationshoheit des Bundes

Die (Teil-)Privatisierung der juris GmbH war sicherlich eine Antwort auf die Rufe nach einem schlanken Staat, die Mitte der 1980er und in den 1990er Jahren laut wurden. Das Rechtsinformationssystem des Bundes hielt weitergehenden Forderungen nach einer vollständigen Privatisierung jedoch stand. Ein vollständiges Outsourcing ist nicht erfolgt.

Der Bund hat seit jeher ein hohes Interesse an einem selbstbestimmten und unabhängigen Rechtsinformationssystem, dessen Existenz dauerhaft gewährleistet wird. Deshalb nimmt er durch die Erstellung, Aufarbeitung und Übermittlung der eigenen Rechtsinformationen – zumal all dies in den eigenen Dokumentationsstellen des Bundes geleistet wird[75] - weiterhin maßgeblichen Einfluss auf den Inhalt des Rechtsinformationssystems. Doch worin besteht die so wichtige Arbeit der Dokumentationsstellen genau?

I. Die Bedeutung der Datenbank „Bundesrecht" und der Normendokumentation für die Gesetzgebung des Bundes

Die auf Grundlage des bereits genannten Kabinettsbeschlusses vom 15. November 1978 aufgebaute Normendokumentation des Bundes wertet die Verkündungsblätter Bundesgesetzblatt I, Bundesgesetzblatt II, Bundes-

---

73 Abrufbar unter: https://www.juris.de/jportal/nav/juris_2015/unternehmen_2/ueber_juris/ueber_juris.jsp.

74 Siehe den „Jahresabschluss zum 31. Dezember 2019 und Lagebericht", S. 4, abrufbar unter: https://www.juris.de/jportal/cms/juris/media/pdf/unternehmen/juris_GmbH_Geschaeftsbericht_zum_31122019.pdf.

75 Dokumentationsstellen des Bundes bestehen beim Bundesverfassungsgericht, beim Bundesgerichtshof, beim Bundesverwaltungsgericht, beim Bundesfinanzhof, beim Bundessozialgericht, beim Bundesarbeitsgericht, beim Bundespatentgericht, bei der Normendokumentation im Bundesamt für Justiz und beim Bundeszentralamt für Steuern. Hinzu kommt eine Dokumentationsstelle beim Oberverwaltungsgericht für das Land Nordrhein-Westfalen.

anzeiger (amtlicher Teil) und Verkehrsblatt aus, um Normen (Gesetze, Rechtsverordnungen und weitere Vorschriften) sowie im Bundesgesetzblatt I veröffentlichte Entscheidungen des Bundesverfassungsgerichts in die Bundesrechtsdatenbank aufzunehmen. Dies dient vor allem dem Zweck, die volle Erschließung des Bundesrechts zu ermöglichen und Doppelregelungen bzw. einander widersprechende Regelungen zu vermeiden.

Die Bundesrechtsdatenbank enthält die durch die Normendokumentation konsolidierte aktuell gültige Fassung der Norm, alle vorausgegangenen Fassungen sowie bereits angelegte Fassungen, die zwar verkündet, aber noch nicht in Kraft getreten sind[76].

Bei der Konsolidierung werden die im Laufe der Zeit vorgenommenen Änderungen und Berichtigungen in einen Rechtsakt integriert[77]. Nicht nur die Verkündung und die Bekanntmachung[78] sind Geltungsbedingungen für die Rechtsetzung. Sondern gerade auch durch die Konsolidierung erfüllt der Staat seine Informationspflicht gegenüber den Bürgerinnen und Bürgern. Er ist befugt, Recht zu setzen, dessen Beachtung er verlangt. Aus diesem Grunde ist der Staat gehalten, den Bürgerinnen und Bürgern Hilfsmittel an die Hand zu geben, damit ein rechtskonformes Verhalten über-

---

76 Umfassend hierzu: Schlagböhmer, Rechtsinformationssysteme, insbesondere JURIS, JZ 1990, 262 ff. Außerdem werden die vorangegangenen Fassungen seit 1990 lückenlos nachgewiesen, in vielen Fällen sogar seit dem Beginn der Dokumentation des Bundesrechts Ende 1978. Ferner beinhaltet die Bundesrechtsdatenbank diejenigen Normen, die zwar verkündet, aber noch nicht in Kraft getreten sind, den Einigungsvertrag und die als Bundesrecht fortgeltenden Vorschriften der ehemaligen DDR.

77 Vgl. abrufbar unter: https://eur-lex.europa.eu/content/legis/avis_consolidation.html?locale=de. Ähnliche Definitionen finden sich bei Moysan, Die Konsolidierung von Gesetzbüchern, Einzelgesetzen und Rechtsverordnungen: wissenschaftliche Aufgabe von Verlagen oder staatliche Pflicht (Zugänglichkeit und Verstehbarkeit des Rechts als Ziel mit Verfassungsrang), JurPC Web-Dok. 25/2005, Abs. 3, https://www.jurpc.de/jurpc/show?id=20050025, zuletzt eingesehen am 19. Juli 2021, und Kuntz, Verkündung, Veröffentlichung und Konsolidierung von Gesetzen – ein Beitrag zur Diskussion, JurPC Web-Dok. 151/2006, Abs. 7, abrufbar unter: https://www.jurpc.de/jurpc/show?id=20060151. Umfassend zum Ganzen: Klein, Die Neubekanntmachung von Gesetzen vor dem Hintergrund der staatlichen Konsolidierungspflicht, 2010, S. 45 ff.

78 Das Bundesamt für Justiz in Bonn nimmt dabei die Aufgaben der Schriftleitungen der Bundesgesetzblätter und des amtlichen Teils des Bundesanzeigers wahr. Damit obliegt ihm die Verantwortung über die Verkündung von Gesetzen und Verordnungen sowie für die Veröffentlichung von sonstigen Bekanntmachungen.

haupt möglich ist[79]. Das bedeutet auch, dass er das aktuell geltende Recht in einer „lesbaren Form" zur Verfügung stellen muss. Den Bürgerinnen und Bürgern ist es nicht zumutbar, den geltenden Text einer Norm bis in die Erst-Verkündung zurückverfolgen zu müssen, die unter Umständen Jahrzehnte zurückliegt. Allein die Veröffentlichung in einem amtlichen Gesetzblatt, hier im Bundesgesetzblatt, kann daher dem Grundsatz der Klarheit und der Verständlichkeit des Rechts unter heutigen Umständen nicht mehr genügen. Dass private Medien aktuelle, konsolidierte Gesetzestexte publizieren, ist hilfreich und nützlich, kann den Staat aber nicht aus seiner eigenen Verantwortung entlassen, seine Ge- und Verbote in klarer, überschaubarer Form vorzuhalten[80].

Ferner sind in der Bundesrechtsdatenbank die Normen nachweisbar, die zum Erlass abhängiger oder konkurrierender Normen ermächtigen. Alle Normfassungen sind stichtagsbezogen mit einem Geltungsdatum abrufbar. Zukünftige Normfassungen werden mit dem Eintrag „Zukunft" versehen. In der Bundesrechtsdatenbank können durch die Dokumentare der Normendokumentation umfangreiche Recherchen durchgeführt werden, insbesondere um die Arbeit der Legisten im Rechtsetzungsprozess zu unterstützen. Die Recherche ermöglicht beispielsweise die Feststellung der aktuellen Rechtslage, das Auffinden von kollidierenden Rechtsvorschriften, die Kontrolle der verwendeten Rechtsbegriffe im Rechtsetzungsverfahren, aber auch in anderen Vorschriften[81] sowie die Kontrolle aktiver und passiver Verweisungen.

Die Dokumentation des Bundesrechts und die darauf basierende Recherche sind speziell auf die Bedürfnisse der Legisten im Rechtsetzungsverfahren angepasst. So werden diese in die Lage versetzt, rechtzeitig zu erkennen, wo ihre Entwürfe unklare Rechtslagen entstehen lassen würden.

---

79 Berkemann, Ignorantia juris nocet (Paul. Dig. 22, 6, 9 pr) – Ein Plädoyer, „Standort juris", Festschrift zum 10jährigen Bestehen der juris GmbH, 1995, S. 83 ff., insbesondere S. 92, 102 und 110.

80 Herberger, Noch einmal: Die Sorge um den rechten Text des Gesetzes, JurPC 1993, 2256, und vor allem Klein, Die Neubekanntmachung von Gesetzen vor dem Hintergrund der staatlichen Konsolidierungspflicht, 2010, S. 63.

81 Die Normendokumentation des Bundes erstellt auch Wörterverzeichnisse und Verweisungsregister. Jedes sinntragende Wort des geltenden Bundesrechts steht in seiner grammatikalischen Grundform zur Verfügung. Dies gewährleistet eine einheitliche Gesetzessprache und verhindert das Verwenden desselben Wortes mit unterschiedlichem Sinngehalt. Ein Verweisungsregister ist eine Zusammenstellung aller Normen, die auf eine bestimmte Norm verweisen. Vgl. im Detail Schlagböhmer, Rechtsinformationssysteme, insbesondere JURIS, JZ 1990, 262, 268 f.

Gesetzliche Neureglungen lassen sich sachgerecht in das geltende Recht einpassen, weil Aufhebungsbestimmungen, Verweiskorrekturen und andere Folgeregelungen vorab identifiziert werden können. Aufhebungsregeln in Gestalt von Generalklauseln, wie „Mit Inkrafttreten dieses Gesetzes treten alle Vorschriften und Bestimmungen, die den gleichen Gegenstand regeln oder diesem Gesetz widersprechen, außer Kraft“[82], gehören der Vergangenheit an.

Es handelt sich damit um die seinerzeit von *Gustav Heinemann* geforderte „Gesetzesbibliothek“ oder um die Anfänge von „Legal tech“, wie man heute wohl sagen würde. Damit dient die Dokumentation von Normen unmittelbar der Gesetzgebung als Verfassungsaufgabe und unterliegt der Dokumentationshoheit des Bundes[83].

Die ursprünglich rein ministeriale Aufgabe der Normendokumentation wurde dem Bundesamt für Justiz in Bonn bereits mit seiner Errichtung zugewiesen, § 2 Absatz 2 Nummer 2 BfJG[84]. Die Übertragung dieses Aufgabenbereichs steht in einem direkten sachlichen Zusammenhang mit der Übertragung der herausragend bedeutsamen Aufgabenbereiche und Zuständigkeiten im Bereich der Verkündung, § 2 Absatz 2 Nummer 1 BfJG[85]. Die Normendokumentation des Bundes, das Herz des Rechtsinformationssystems, hat die ehemalige Bundeshauptstadt Bonn somit niemals verlassen.[86]

---

82 Beispiel nach Weis, Verfassungsrechtliche Fragen einer weiteren Privatisierung der juris GmbH, Bundesanzeiger Nr. 82a vom 30. April 1996, S. 30.

83 Weis, Verfassungsrechtliche Fragen einer weiteren Privatisierung der juris GmbH, Bundesanzeiger Nr. 82a vom 30. April 1996, S. 28 ff.

84 Gesetz über die Errichtung des Bundesamts für Justiz (BfJG) vom 17. Dezember 2006 (BGBl. I S. 3171), zuletzt geändert durch Artikel 4 des Gesetzes vom 25. Juni 2020 (BGBl. I S. 1474).

85 Dazu zählen die Aufgabenbereiche der Schriftleitung für das Bundesgesetzblatt Teil I, das Bundesgesetzblatt Teil II und die Redaktion des Bundesanzeigers. Die räumliche Nähe zum Bundesanzeiger Verlag bzw. zur Druckerei in Köln sprachen ebenfalls für den Standort Bonn; vgl. Gesetzentwurf der Bundesregierung, Entwurf eines Gesetzes zur Errichtung und zur Regelung der Aufgaben des Bundesamts für Justiz, BT-Drs. 16/1827, S. 10.

86 Angemerkt werden soll an dieser Stelle, dass die Dokumentationsstelle für die steuerlichen Verwaltungsvorschriften ebenfalls ihren Sitz in Bonn hat, nämlich bei dem am 1. Januar 2006 aus dem Bundesministerium der Finanzen hervorgegangenen Bundeszentralamt für Steuern.

II. Die Bedeutung der Dokumentationshoheit der Gerichte

Für das Rechtsinformationssystem und für die von der juris GmbH angebotene Rechtsprechungsdatenbank ist die Arbeit der gerichtlichen Dokumentationsstellen natürlich nicht weniger bedeutend. Um die Verfassungsaufgabe Rechtsprechung wahrnehmen zu können, ist die EDV-gestützte Dokumentation von Gerichtsentscheidungen[87] unerlässlich. Inhalt und Umfang einer weitergehenden Dokumentation müssen sich primär an den Bedürfnissen und an den Aufgaben der Rechtsprechung orientieren. Dazu zählen vor allem die Wahrung der Einheitlichkeit der Rechtsordnung, Artikel 95 Absatz 3 GG, und die Fortbildung des Rechts. Es liegt auf der Hand, dass zunächst die Kenntnis der zu einer Rechtsfrage ergangenen Entscheidungen notwendig ist. Als erstes muss eine Gerichtsentscheidung also veröffentlicht werden[88]. Das ist in Deutschland auch heute noch keine Selbstverständlichkeit[89]. Insgesamt jedoch wächst die Gesamtzahl

---

87 Dokumentiert werden neben den eigenen Entscheidungen auch dokumentationswürdige Entscheidungen der eigenen Instanz sowie Entscheidungen supranationaler Gerichte und Institutionen. Zudem dokumentieren einige Dokumentationsstellen, z.B. die des Bundessozialgerichts, auch Verwaltungsvorschriften und Literatur.

88 „Die Veröffentlichung von Gerichtsentscheidungen ist eine öffentliche Aufgabe. Es handelt sich um eine verfassungsunmittelbare Aufgabe der rechtsprechenden Gewalt und damit eines jeden Gerichts. Zu veröffentlichen sind alle Entscheidungen, an deren Veröffentlichung die Öffentlichkeit ein Interesse hat oder haben kann. Veröffentlichungswürdige Entscheidungen sind durch Anonymisierung bzw. Neutralisierung für die Herausgabe an die Öffentlichkeit vorzubereiten." BVerwG vom 26. Februar 1997 – 6 C 3.96, NJW 1997, 2694 ff., erster Leitsatz. - Umfassend und kritisch zur Veröffentlichungspraxis von Gerichtsentscheidungen Walker, Die Publikation von Gerichtsentscheidungen, 2000, S. 195 ff., der für eine ausdrückliche gesetzliche Regelung plädiert.

89 Tatsächlich sinkt die Zahl der jährlich veröffentlichten Gerichtsentscheidungen der Instanzgerichte seit den letzten zehn Jahren. Dies ist vor dem Hintergrund problematisch, dass das Bundesverfassungsgericht (BVerfG vom 14. November 2015 – 1 BvR 857/15, NJW 2015, 3708 ff.), das Bundesverwaltungsgericht (BVerwG vom 26. Februar 1997 – 6 C 3.96, NJW 1997, 2694 ff.) und der Bundesgerichtshof (BGH vom 05. April 2017 – IV AR (VZ) 2/16, NJW 2017, 1819 ff.) energisch und wiederholt zum Ausdruck gebracht haben, der Zugang der Öffentlichkeit zur Arbeit der Gerichte sei ein wesentlicher Baustein demokratischer Partizipation und Ausdruck des Rechtsstaatsprinzips, des Justizgewährungsanspruchs, des Demokratiegebots, des Grundsatzes der Gewaltenteilung und des Prozessgrundsatzes der Öffentlichkeit gerichtlicher Verhandlungen und Urteilsverkündungen (vgl. Stemplewski/Stemplewski, Transparenz des Rechtswesens, NJW-aktuell 15/2018, 14). Zur historischen Entwicklung lesenswert: Kirchner,

der veröffentlichten Gerichtsentscheidungen stetig. Auch die Kenntnis der Entscheidungen supranationaler Gerichte spielt für die eigene Rechtsprechung eine immer größere Rolle.

Um nicht in einer Flut an Entscheidungen zu versinken, bedarf es der Auswahl der relevanten Entscheidungen. Diese Auswahl muss wiederum zunächst von den Bedürfnissen und Aufgaben der Rechtsprechung geleitet sein. Aus diesem Grund wurden beim Bundesverfassungsgericht, bei den obersten Gerichtshöfen des Bundes, beim Bundespatentgericht und beim Oberverwaltungsgericht Münster Dokumentationsstellen eingerichtet. Beim Bundessozialgericht in Kassel wird sogar seit seiner Errichtung im Jahre 1954 Rechtsdokumentation betrieben[90].

Zu den Aufgaben der jeweiligen Dokumentationsstelle gehört zunächst die Auswahl der zu dokumentierenden Entscheidungen. Die Entscheidung über den Dokumentationsumfang, die sogenannte Dokumentationswürdigkeitsprüfung, ist zentraler Bestandteil der Dokumentationshoheit und erfolgt unabhängig davon, auf welchen Zugangs- oder Veröffentlichungswegen die Entscheidungen die Dokumentationsstellen erreichen. Wesentliches Kriterium der Auswahlentscheidung ist die Bedeutung des Rechtsprechungsdokuments für die Wahrung der Einheitlichkeit der Rechtsprechung und für die Rechtsfortbildung. In der Dokumentationspraxis wird der Dokumentationsumfang grundsätzlich sowohl anhand von formalen als auch anhand von inhaltlichen Kriterien festgelegt[91]. Das gilt auch hinsichtlich der Dokumentation aus dem instanzlichen Bereich.

Stufen der Öffentlichkeit richterlicher Erkenntnisse. Zur Geschichte der Entscheidungssammlungen und der Bildung von Leitsätzen, Festschrift Hans Joachim Faller, 1984, S. 503 ff.

90 Speziell zur Rechtsdokumentation beim Bundessozialgericht vgl. Nagelsmeier-Linke, Automatisierte juristische Dokumentationssysteme, 1980, S. 115 ff., und Uthe, Der Plan einer sozialrechtlichen Datenbank beim Bundessozialgericht, Mitteilungen der AjDB 1971, 40 ff.

91 Formale Kriterien sind dabei im Wesentlichen: ein vom Gericht gebildeter Leit- oder Orientierungssatz; die beabsichtigte Veröffentlichung in einer amtlichen Sammlung; die Veröffentlichung in der Fachliteratur; die Frage, ob Revision oder Rechtsbeschwerde eingelegt wurden; die Vorlage der Entscheidung an das Bundesverfassungsgericht; ein Antrag an den EuGH auf Vorabentscheidung; die gerichtliche Kennzeichnung der besonderen Dokumentationswürdigkeit oder in gerichtlichen Leit- oder Orientierungssätzen zitierte andere Verfahren. Die Dokumentationsstellen entscheiden aber auch nach inhaltlichen Kriterien. Maßgeblich dafür können sein die (verfahrens-)rechtliche Bedeutsamkeit, die Konkretisierung allgemeiner Rechtsgrundsätze, die (teilweise) Aufgabe, Änderung, Abweichung von der Rechtsprechung des eigenen Spruchkörpers oder eines anderen Gerichts, die Weiterentwicklung der Rechtsprechung, das Interesse der Öffentlichkeit an

Bei alldem kommt es entscheidend auf die Qualität der Daten und auf die Tiefe ihrer Dokumentation an. Durch die Veröffentlichung der (grundlegenden) Entscheidungen bereiten sie den informationellen Boden für die inhaltliche Vorbereitung von Gerichtsentscheidungen bei den Bundesgerichten und beim Bundesverfassungsgericht. Aktualität und Vollständigkeit sind dabei genauso wichtig wie die Abstimmung eines einheitlichen Dokumentationsstandards mit den anderen Dokumentationsstellen[92]. Letzteres ist u.a. Aufgabe des juris-Beirats und des Treffens der Dokumentationsstellen des Bundes. Diese Treffen finden in der Regel zweimal jährlich statt.

Hauptaufgabe der gerichtlichen Dokumentationsstellen ist die intellektuelle Aufbereitung der Entscheidungen, bevor diese der juris GmbH zur Verfügung gestellt und von dieser unverändert in die Datenbank aufgenommen werden. Die Rohdaten werden dabei von den Dokumentationsstellen veredelt. Die Aufbereitung umfasst insbesondere das Bilden von Orientierungssätzen, die Vergabe von Schlagworten, die Verknüpfung von Entscheidungen untereinander, die Erfassung entscheidungserheblicher Rechtsnormen, die Notation der Sachgebiete, welche es erlaubt, eine Entscheidung auch systematisch zu suchen, und die Zuschreibung von Fundstellen[93]. Aus der Arbeit der Dokumentationsstellen speist sich die juris Rechtsprechungs-Datenbank zu einem wesentlichen Teil. Eine denkbare Zusammenlegung der Dokumentationsstellen wurde von diesen aus nachvollziehbaren Erwägungen abgelehnt. Grund der Dezentralisierung ist insbesondere die Autorennähe und die Unabhängigkeit der Gerichte. Um ihren Aufgaben gerecht zu werden, wollen die Gerichte selbst bestimmen, was wie dokumentiert wird und was nicht[94]. Sie besitzen daher

---

der Kenntnis der Entscheidung (insbesondere das Allgemeininteresse berührende Rechtsstreitigkeiten).

92 Zu den Aufgaben der Dokumentationsstelle des Bundesgerichtshofs vgl. Schliebs, Dokumentationsstelle, Nachschlagewerk und Entscheidungsversand des Bundesgerichtshofs, Festschrift aus Anlaß des fünfzigjährigen Bestehens von Bundesgerichtshof, Bundesanwaltschaft und Rechtsanwaltschaft beim Bundesgerichtshof, 2000, S. 767 ff.

93 Im Detail Schliebs, Dokumentationsstelle, Nachschlagewerk und Entscheidungsversand des Bundesgerichtshofs, Festschrift aus Anlaß des fünfzigjährigen Bestehens von Bundesgerichtshof, Bundesanwaltschaft und Rechtsanwaltschaft beim Bundesgerichtshof, 2000, S. 769 f.

94 Auch hierzu siehe Schliebs, Dokumentationsstelle, Nachschlagewerk und Entscheidungsversand des Bundesgerichtshofs, Festschrift aus Anlaß des fünfzigjährigen Bestehens von Bundesgerichtshof, Bundesanwaltschaft und Rechtsanwaltschaft beim Bundesgerichtshof, 2000, S. 764. Auf dem „kurzen Dienstweg" kön-

die Dokumentationshoheit. Diese stellt die Authentizität, Objektivität und Qualität der Rechtsprechungsinformationen sicher.

III. Absicherung der Staatsaufgaben durch den Bundesvertrag mit der juris GmbH

Der Bund nimmt seine Rolle als Gründungs- und Hauptgesellschafter der juris GmbH in der Gesellschafterversammlung wahr, in der er satzungsgemäß den Vorsitz führt. Nach ihrer Satzung hat die juris GmbH die Aufgabe, „uneingeschränkte und umfassende Möglichkeiten der Information auf dem Fachgebiet Recht und seinen Grenzgebieten bereit zu stellen. Sie hat zu diesem Zweck Dokumentations- und Informationsdienstleistungen zu erbringen und jedermann verfügbar zu machen sowie alle dafür erforderlichen Tätigkeiten auszuführen und zu fördern. Die Gesellschaft hat dabei den fachlichen Bedürfnissen der unterschiedlichen Benutzergruppen Rechnung zu tragen, Neutralität zu wahren und Meinungspluralität zu gewährleisten. Darüber hinaus kann die Gesellschaft weitere Dienstleistungen auf dem Gebiet der Informatik erbringen."[95] Der Bund stellt weiterhin einen Geschäftsführer und zudem Vorsitz und Mehrheit im Aufsichtsrat[96].

Für eine Absicherung der Staatsaufgaben war dies jedoch nicht ausreichend. Deshalb hat der Bund seinen maßgeblichen Einfluss auf das Rechtsinformationssystem darüber hinaus durch einen besonderen Vertrag mit der juris GmbH sichergestellt[97].

---

nen die Autoren der Entscheidungen schnell konsultiert werden. Darüber hinaus kann eine hausinterne Auswertung in der Regel schneller erfolgen, weil mehr für die Auswertung relevantes Material (z.B. die einschlägigen Kommentare) zur Verfügung steht.

95 Nachzulesen bei Weis, Verfassungsrechtliche Fragen einer weiteren Privatisierung der juris GmbH, Bundesanzeiger Nr. 82a vom 30. April 1996, S. 8.

96 Die Satzung sieht dabei vor, dass Beschlüsse des Aufsichtsrates mit der Mehrheit der abgegebenen Stimmen gefasst werden müssen. Bei Stimmengleichheit entscheidet die Stimme des oder der Vorsitzenden. Vgl. Weis, Verfassungsrechtliche Fragen einer weiteren Privatisierung der juris GmbH, Bundesanzeiger Nr. 82a vom 30. April 1996, S. 8.

97 Vertrag über die Zusammenarbeit auf dem Gebiet der automatisierten Rechtsdokumentation (Bundesrecht, Verwaltungsvorschriften, Rechtsprechung und Rechtsliteratur) vom 12./27. Dezember 1991. Der Vertrag wurde mehrfach geändert. Nach der Teilprivatisierung wurde der Vertrag mit Vertrag vom 18. Januar / 6. Februar 2001 insgesamt neu gefasst. Vgl. Bruss, Die Verträge zwischen der juris GmbH und der Bundesrepublik Deutschland – Angriff auf die Gemeinfreiheit?, HFR 2013, 17 Rn. 5.

Der sogenannte Bundesvertrag von 1991, der anlässlich der Teilprivatisierung im Jahr 2001 grundlegend überarbeitet wurde, regelt im Kern, dass der Bund für die Dokumentation zuständig ist und der juris GmbH die entsprechenden Materialien in maschinenlesbarer Form zur Verfügung stellt, während die juris GmbH zu Datenbankaufbau und -pflege verpflichtet ist. Dabei ist die juris GmbH angewiesen, die von den Dokumentationsstellen gelieferten Dokumente ohne inhaltliche Änderung unverzüglich in online abrufbaren Datenbanken zu speichern. Dokumente anderer Stellen dürfen in diese Datenbanken nur mit Zustimmung des Bundes aufgenommen werden (Dokumentationsvorbehalt). Der Bund kann jederzeit die Vornahme von Änderungen und Korrekturen dieses Datenbestandes verlangen. Allen Bundesbehörden wird in vollem Umfang Zugriff auf die Datenbank gewährt. Im Gegenzug erhält die juris GmbH eine auf den Gesellschaftszweck beschränkte ausschließliche Nutzungsbefugnis an diesen Dokumenten und die Einnahmen aus dem Online-Geschäft sowie aus der sonstigen Vermarktung der Daten. Ein Zusammenspiel, das jahrzehntelang gut funktioniert hat. Allerdings waren es Jahrzehnte, in denen es lange Zeit keine nennenswerte Konkurrenz auf dem Gebiet der computergestützten Rechtsinformationen gegeben hat.

D. Änderungen der wirtschaftlichen Rahmenbedingungen

Mittlerweile haben sich die rechtlichen und wettbewerblichen Rahmenbedingungen im Bereich computergestützter und insbesondere Internet-basierter Rechtsinformationen gewandelt.

Auf dem Markt agiert eine Reihe weiterer privater Anbieter, die juristische Informationssysteme aufgebaut haben. Prominente Beispiele sind etwa die Verlage C.H. Beck oHG und die Wolters Kluwer Deutschland GmbH.

I. Nutzung der juris-Datenbank durch deutsche Behörden im Rahmen des Vergaberechts

Die EU-Kommission hat im April 2009 beschlossen, wegen der Vergabe von öffentlichen Aufträgen über Rechtsinformationsdienste durch den Bund und mehrere Länder eine förmliche Aufforderung an Deutschland zu richten. Durch die Teilprivatisierung im Jahr 2001 hatte sich nach Ansicht der EU-Kommission der Bundesvertrag in wesentlicher Hinsicht geändert; der Sache nach liege ein neuer Auftrag vor, der nur nach Maßgabe der Richtlinie 92/50/EWG über die Vergabe von öffentlichen Aufträgen hätte erteilt werden dürfen. Die Bundesregierung stellte jedoch fest, dass sich die Dienste der juris GmbH bei einer „wettbewerbsorientierten Marktuntersuchung“ als ideal für die Bedürfnisse der Justizbehörden herausgestellt hätten. Es sei somit gerechtfertigt gewesen, den Auftrag ohne vorherige Veröffentlichung einer Ausschreibung zu vergeben, denn ohnehin sei nur die juris GmbH als Dienstleister in Frage gekommen. Zu einem Vertragsverletzungsverfahren ist es letztlich nicht gekommen.

II. Entscheidung des Verwaltungsgerichts Köln zur Weiterverwendung der Gesetze und Rechtsverordnungen aus der Bundesrechtsdatenbank

In einem 2010/11 geführten Rechtsstreit vor dem Verwaltungsgericht Köln[98] war maßgeblich, inwiefern die Weiterleitung der durch die Dokumentare des Bundesamts für Justiz übermittelten konsolidierten Gesetzesdateien an die juris GmbH zur Publikation auf der für die Allgemeinheit zugänglichen Webseite „www.gesetze-im-internet.de“ eine Weiterverwendung im Sinne von § 2 Nummer 3 IWG darstellt[99]. Nähme man eine Weiterverwendung an, könnten andere Marktteilnehmer aus dem Gleichbehandlungsanspruch des § 3 Absatz 1 IWG ableiten, dass die übersendeten Dateien auch ihnen bereitgestellt werden müssten. Das Verwaltungsgericht Köln hat jedoch in dem betreffenden Fall entschieden, dass die Übertragung der Dateien an die juris GmbH einzig zur Erfüllung eigener öffentlicher Aufgaben des Bundesamts für Justiz als Behörde erfolge. Daher handele es sich nicht um eine Weiterverwendung im Sinne des Informationsweiterverwendungsgesetzes; der klagende Marktteilnehmer könne keine Rechte aus § 3 Absatz 1 IWG geltend machen.

III. „LexXpress-Verfahren“ vor den Verwaltungsgerichtshof Baden-Württemberg

Ein anderer Anbieter für Rechtsinformationen, die LexXpress GmbH, hat 2010 das Bundesverfassungsgericht verklagt und 2013 in der Berufungsin-

98 VG Köln vom 26. Mai 2011 – 13 K 5747/07, JurPC Web-Dok. 104/2011, abrufbar unter: https://www.jurpc.de/jurpc/show?id=20110104).

99 Bei der Klägerin handelte es sich um ein im IT-Bereich tätiges Unternehmen. Beklagter war der Bund; die juris GmbH war Beigeladene.

stanz einen vorläufigen Erfolg errungen[100]. „Kippt jetzt das Rechtsdatenbank-Kartell?" lautete ein Beitrag in der Wochenzeitung „Die Zeit" vom 6. Juni 2013[101].

Gegenstand des Verfahrens war die Frage, ob und inwiefern die von der Dokumentationsstelle des Bundesverfassungsgerichts verfassten Orientierungssätze gemeinfreie amtliche Werke darstellen[102]. Die LexXpress GmbH begehrte die Übermittlung von Entscheidungen des Bundesverfassungsgerichts in derselben von Dokumentaren des Gerichts aufbereiteten Form, wie sie der juris GmbH zur Verfügung gestellt wurden. Der Bund als Beklagter und die beigeladene juris GmbH beriefen sich darauf, dass die Orientierungssätze als integraler Bestandteil der herausverlangten Daten urheberrechtlich geschützt seien (§ 2 Absatz 1 Nummer 1, Absatz 2 UrhG) und nicht unter die Gemeinfreiheit nach § 5 UrhG fielen. Unabhängig davon liege jedenfalls keine „Weiterverwendung" im Sinne des § 2 Nummer 3 IWG vor, weil es vorrangig um die Versorgung der Öffentlichkeit mit dokumentarisch bearbeiteten Entscheidungen des Bundesverfassungsgerichts, also um die Erfüllung einer öffentlichen Aufgabe, gehe[103].

Anders als noch die Ausgangsinstanz[104] lehnte der Verwaltungsgerichtshof Baden-Württemberg das Urheberrecht der juris GmbH aus dem sui generis-Schutz des Datenbankherstellers nach §§ 87a ff. UrhG in analoger Anwendung des § 5 Absatz 1 UrhG[105] ab und bejahte einen aus § 3 Absatz 1 Satz 1 IWG folgenden Gleichbehandlungsanspruch der LexXpress GmbH hinsichtlich der Überlassung dieser Entscheidungen in der dokumentarisch aufbereiteten Form. Auch Orientierungssätze zu Entscheidungen des Bundesverfassungsgerichts, die von der Dokumentationsstelle des Gerichts verfasst werden, seien, obwohl vom Wortlaut des § 5 Absatz 1 UrhG nicht direkt erfasst, urheberrechtlich gemeinfrei.

Die Entscheidung des Verwaltungsgerichtshofs Baden-Württemberg ist jedoch nicht in Rechtskraft erwachsen. Die Parteien und die beigeladene juris GmbH haben einen Vergleich geschlossen.

---

100 VGH Baden-Württemberg vom 7. Mai 2013 – 10 S 281/12, NJW 2013, 2045 ff.

101 Jungbluth, Die Zeit Nr. 24/2013 vom 6. Juni 2013.

102 VGH Baden-Württemberg vom 7. Mai 2013 – 10 S 281/12, NJW 2013, 2048.

103 VGH Baden-Württemberg vom 7. Mai 2013 – 10 S 281/12, NJW 2013, 2047 f.

104 VG Karlsruhe vom 2. März 2011 – 3 K 2289/09, RBD 2012, 183 ff.

105 VGH Baden-Württemberg vom 7. Mai 2013 – 10 S 281/12, NJW 2013, 2045, erster Leitsatz.

E. Die geplante Neustrukturierung des Rechtsinformationssystems

Das wirtschaftliche und regulatorische Umfeld im Bereich internetbasierter Rechtsinformationen hat sich seit Abschluss des Bundesvertrages im Jahr 1991 erheblich verändert. Die exklusive Belieferung eines in Konkurrenz zu mehreren Anbietern stehenden Dienstleisters mit vom Bund dokumentierten Rechtsinformationen ist schwerer zu rechtfertigen als früher.

Aufgrund dieser veränderten Rahmenbedingungen hat das Bundesministerium der Justiz einen Prozess zur Neuordnung des Rechtsinformationssystems sowie der Rechtsbeziehungen zur Dienstleisterin in Gang gesetzt. Dessen Ziele waren und sind immer noch:

- Die Zugriffsmöglichkeiten des Bundes auf seinen Dokumentenbestand (Datenhoheit) sollen verbessert werden.
- Es sollen klare Verantwortungsbereiche und transparente Leistungsbeziehungen des Bundes im Verhältnis zu Dienstleistern geschaffen werden.
- Die Bereitstellung eines rechtssicheren und hochwertigen online-Rechtsinformationssystems soll weiterhin gewährleistet werden.

I. Das Kompetenzzentrum Rechtsinformationssystem des Bundes (CC-RIS) beim Bundesamt für Justiz

Als sich gegen Ende der Nuller-Jahre abzeichnete, dass die Rahmenbedingungen des bisherigen Rechtsinformationssystems schwieriger wurden, gab das Bundesministerium der Justiz eine Studie in Auftrag, wie diesen Veränderungen Rechnung zu tragen sei. Auf Grundlage des im Jahr 2009 vorgestellten Abschlussberichts „juris-Schnittstellen-Definition zum Bund und Ermittlung Bundesinteresse“ wurde beim Bundesministerium der Justiz ein Aufbaustab mit dem Ziel eingerichtet, das Rechtsinformationssystem zukunfts- und rechtssicher umzugestalten. Seine Aufgabe war es, den Entflechtungsprozess zwischen der juris GmbH und der Bundesrepublik Deutschland einzuleiten sowie den Aufbau eines Kompetenzzentrums vorzunehmen.

Der Neuordnungsprozess wird durch das Vorhaben der „Neustrukturierung des Rechtsinformationssystems“ (Neu-RIS) umgesetzt, in dessen Verlauf sowohl das aktuell vorhandene Angebot an Rechtsinformationen überprüft und neugestaltet als auch die IT-Unterstützung, insbesondere die Unterstützung der Dokumentationsprozesse, an den aktuellen Stand der Technik angepasst werden sollen.

Es wurde entschieden, das Projekt Neu-RIS im Bundesamt für Justiz in Bonn anzusiedeln. Ausschlaggebend waren unter anderem die im Bundesamt für Justiz vorhandenen Kompetenzen und Erfahrungen im IT-Bereich. Die Hoheit über Inhalt und Ausprägung des Rechtsinformationssystems soll weiterhin bei den Bundesgerichten, dem Oberverwaltungsgericht des Landes Nordrhein-Westfalen und den Bundesministerien liegen, die an der Neustrukturierung beteiligt sind. Dafür kommt es verwaltungsintern vor allem darauf an, eine geeignete Datenbank nebst Softwarelösung zur Verarbeitung, Verwaltung und letztlich auch zur Veröffentlichung von Datenbeständen zur eigenen Verfügung zu haben[106]. Der Rechtswissenschaftler *Spiros Simitis*, als langjähriger Datenschutzbeauftragter des Landes Hessen eine frühe Autorität des IT-Rechts, wusste schon 1974, dass „derjenige, der die Datenbank kontrolliert, über ein Machtpotential von hoher gesellschaftlicher Bedeutung verfügt", weil die „Datenbank selbst das akkumulierte Wissen über das jeweilige Recht vergegenständlicht"[107].

Für den Umgestaltungsprozess beim Vorhaben Neu-RIS wurde schließlich zum 1. Januar 2013 das Kompetenzzentrum Rechtsinformationssystem des Bundes (CC-RIS) beim Bundesamt für Justiz eingerichtet. Hier wird das Wissen über die Inhalte und über die technischen Voraussetzungen in einer Arbeitseinheit zusammengefasst, die ein zukunftssicheres Rechtsinformationssystem des Bundes gewährleisten soll. Es soll eine technische Infrastruktur bereitgestellt werden, die einen reibungslosen Datenfluss garantiert. Dazu wirken Experten aus den verschiedenen Handlungsfeldern der Aufbereitung von Rechtsinformationen in inhaltlicher und technischer Hinsicht zusammen[108]. Auch die obersten Bundesgerichte bringen insoweit ihren Sachverstand ein, weshalb auch die Dokumentationshoheit der Gerichte selbst wirksam gestärkt wird. Das Kompetenzzen-

106 Vgl. Beyer-Katzenberger, Rechtsfragen des „Open Government Data" – Aktuelle Entwicklungen und Rechtsprechung zur Weiterverwendung von Informationen des Staates –, DÖV 2014, 152.

107 Simitis, Gesellschaftspolitische Implikationen juristischer Dokumentationssysteme, DVR 1974, 14.

108 Das CC-RIS ist auch für die Pflege und Weiterentwicklung der Bürgerportale www.gesetze-im-internet.de, www.rechtsprechung-im-internet.de und www.verwaltungsvorschriften-im-internet.de redaktionell zuständig und bearbeitet Anregungen, Hinweise und Anfragen zu diesen Internetauftritten.

trum ist außerdem Verbindungsstelle für die Europäische Union[109] sowie die Bundesländer[110].

Der ebenfalls fast zeitgleich eingerichtete Lenkungsausschuss[111] stellt im Zusammenwirken mit dem CC-RIS sicher, dass die Dokumentationshoheit der dokumentierenden Stellen beachtet wird. Er unterstützt das CC-RIS bei dessen Aufgaben und wird in allen wesentlichen Angelegenheiten beteiligt. Insbesondere sorgt er für eine reibungslose Zusammenarbeit mit den Gerichten sowie den weiteren für das Rechtsinformationssystem dokumentierenden Stellen. Das in der Regel zweimal jährlich stattfindende Treffen der Dokumentationsstellen ist dem Lenkungsausschuss eng angegliedert und kann von seiner Funktion hier wie ein Unterausschuss des Lenkungsausschusses betrachtet werden[112]. Es berät und unterstützt den Lenkungsausschuss und bereitet dessen Entscheidungen vor. Das

---

109 Das CC-RIS nimmt dafür an den Sitzungen der EU-Ratsarbeitsgruppe e-Law teil. Aufgabe dieser Ratsarbeitsgruppe ist die Unterstützung bei der Entwicklung der Internetseite EUR-Lex (https://eur-lex.europa.eu), eines Internetauftritts der EU, der einen kostenlosen Zugang zu den Rechtsvorschriften der EU durch das Amt für Veröffentlichungen der EU gewährt. Unterstützt wird zudem die Entwicklung der Internetseite N-Lex (abrufbar unter: https://n-lex.europa.eu/n-lex/), einer Internetseite, die einen zentralen Zugang zu den Rechtsdatenbanken in den einzelnen EU-Ländern bietet. Des Weiteren befasst sich die Ratsarbeitsgruppe mit der Zukunft des Amtsblatts der EU und dem Austausch von Informationen und Know-how zwischen den Mitgliedstaaten. Sie steht für Fragen des EU-Rechts in Kontakt mit internationalen Organisationen und Nicht-EU-Ländern. Das CC-RIS fungiert dabei auch als nationaler Koordinator für den European Case Law Identifier (ECLI). Der ECLI wurde entwickelt, um die korrekte und eindeutige Angabe von Fundstellen in Entscheidungen europäischer und nationaler Gerichte zu erleichtern, und auch, um zunächst eine eindeutige Identifizierbarkeit aller Entscheidungen in den Mitgliedstaaten zu ermöglichen. Ein Bestand von einheitlichen Metadaten wird dazu beitragen, die Funktionen zur Suche nach Fundstellen in der Rechtsprechung zu verbessern; vgl. hierzu insbesondere Rott, Der European Case Law Identifier – EU-Standard für eine bessere Justiz, JurPC Web-Dok. 1/2017, abrufbar unter: https://www.jurpc.de/jurpc/show?id=20170001.

110 Beispielsweise durch die regelmäßige Teilnahme an den Sitzungen der Arbeitsgemeinschaft juristische Informationssysteme der Bund-Länder-Konferenz.

111 Die Dokumentationsstellen des Bundes benennen jeweils ein Mitglied. Weiterhin haben das Bundesministerium der Justiz und für Verbraucherschutz, das Bundesministerium der Finanzen, das Bundesministerium für Arbeit und Soziales sowie das Bundesministerium des Innern, für Bau und Heimat das Recht, je ein Lenkungsausschussmitglied zu benennen. Die Mitglieder werden für die Dauer von drei Jahren bestellt.

112 Das Dokumentationsstellentreffen setzt sich aus Vertreterinnen und Vertretern der Dokumentationsstellen zusammen. Organisation und Vorsitz der Treffen

Dokumentationsstellentreffen dient ferner als Forum zum Informationsaustausch über die Entwicklungen in den einzelnen Dokumentationsstellen und über die Auswirkungen auf die praktische Arbeit. Es kann Stellungnahmen abgeben und Empfehlungen aussprechen. Außerdem dient das turnusmäßige Zusammenkommen dem gemeinsamen Erfahrungsaustausch und der Weiterentwicklung des Rechtsinformationssystems des Bundes.

II. Projekte im Rahmen von Neu-RIS

Das Gesamtvorhaben „Neustrukturierung des Rechtsinformationssystems" (Neu-RIS) wurde in Form von mehreren Einzelprojekten, bestehend aus Ist-Analyse, Soll-Konzeption und Realisierung, konzipiert.

Das CC-RIS entwickelte gemeinsam mit den Dokumentationsstellen und dem Lenkungsausschuss beim CC-RIS das Fach- und Projektkonzept für das künftige Rechtsinformationssystem des Bundes. Dieses beschreibt die wesentlichen fachlichen und informationstechnischen Anforderungen und legt die wesentlichen organisatorischen Rahmenbedingungen fest. Parallel zu diesen Arbeiten begann im Mai 2013 im Rahmen des Vorhabens Neu-RIS die informationstechnische IST-Analyse. Ziel des Projekts war es, alle verfügbaren Informationen über die Prozesse und die IT-Unterstützung des bestehenden Rechtsinformationssystems zu sammeln und aufzubereiten. Dazu wurden die fachlichen Dokumentationsprozesse in enger Abstimmung zwischen dem CC-RIS und der IT-Abteilung des Bundesamts für Justiz bei den Dokumentationsstellen erhoben und modelliert.

Mitte Dezember 2015 wurde mit der Durchführung des Projekts RIKA begonnen, das Mitte des Jahres 2020 abgeschlossen werden konnte. RIKA ist die Abkürzung für „Rechtsinformationssystem – Konzeption und Anforderungsanalyse" und bezeichnet die Phase der Soll-Konzeption bei der Neustrukturierung des Rechtsinformationssystems des Bundes. Ziel des Projekts RIKA war es, ein Lastenheft für die Vergabe der Realisierung des Projektes zu entwickeln.

Die Bedürfnisse des Bundes an ein Rechtsinformationssystem sind andere als die Bedürfnisse der durchschnittlichen Nutzerinnen und Nutzer. Im Ergebnis wurde der Kernbestand des künftigen Rechtsinformationssystems konzipiert. Als grundsätzlich geeignete Umsetzungsvarianten für das

---

liegen beim CC-RIS, dessen Vertreterinnen und Vertreter ebenfalls am Dokumentationsstellentreffen teilnehmen.

Projekt RIKA kamen im Wesentlichen eine Neuprogrammierung oder die Beschaffung und Anpassung einer auf dem Markt schon existierenden Software in Betracht. Der Bund, koordiniert durch das CC-RIS, hat deshalb zur Vorbereitung der Umsetzungsentscheidung im zweiten Halbjahr 2020 eine Marktsichtung durchgeführt. Ihr Ziel war es zu klären, welche der Umsetzungsvarianten fachlich am besten geeignet und zugleich wirtschaftlich am sinnvollsten erscheint, um die umfassenden Anforderungen des Lastenhefts umzusetzen.

Nach einem intensiven Beratungs- und Abstimmungsprozess entschied man sich, in Vertragsverhandlungen mit der DigitalService4Germany GmbH (DS4G) einzutreten. Das Unternehmen ist aus zwei unter der Schirmherrschaft des Bundeskanzleramts stehenden Fellowship-Programmen hervorgegangen und steht als sogenannte „Inhouse"-Einheit vollständig im Bundeseigentum. DS4G hat sich auf die Fahnen geschrieben, mit den und für die Bundesministerien einschließlich ihrer nachgeordneten Behörden nutzerzentrierte digitale Lösungen zu entwickeln. Dabei soll zugleich durch Wissenstransfer in die Verwaltung die digitale Handlungsfähigkeit des Staates gestärkt werden. Insbesondere setzt DS4G auf agile Entwicklungsmethoden.

Entsprechend soll auch hier die Projektumsetzung agil und nutzerzentriert durch DS4G gemeinsam mit dem BMJV und dem BfJ erfolgen. Mit dem CC-RIS als zentralem Koordinator und unter intensiver Einbindung der weiteren „Stakeholder" wie dem Lenkungsausschuss und den Dokumentationsstellen soll DS4G die auf mehrere Jahre ausgerichtete Umsetzung des Projekts RIKA begleiten. Im Übrigen kann der Prozess der Neugestaltung auch dazu genutzt werden, das Rechtsinformationssystem in einen möglichst medienbruchfreien elektronischen Kreislauf von elektronischer Gesetzgebung und elektronischer Verkündung von Rechtsvorschriften zu integrieren.

Zudem bedarf es – parallel zur Umsetzung des Projekts RIKA – der Planung und Umsetzung eines Konzepts für die Datenbereitstellung für Rechtsinformationsdienstleister und für die Allgemeinheit durch ein Rechtsinformationsportal. Das Rechtsinformationsportal soll der Allgemeinheit vom Bund erstellte Rechtsinformationen aus den Bereichen Bundesrecht, Rechtsprechung und Verwaltungsvorschriften kostenlos im Internet zur Verfügung stellen: nicht nur zu Informationszwecken, sondern zur beliebigen Nutzung, die auch eine kommerzielle Weiterverwendung einschließt. Nicht zuletzt verfolgt das Bundesministerium der Justiz und für Verbraucherschutz das Ziel, einen einheitlichen Zugang zu den vom Bund bereitgestellten und frei verfügbaren Rechtsinformationen im Internet zu eröffnen und in diesem Zuge außerdem Umfang, Qualität und Recherchierbarkeit der Rechtsinformationen zu verbessern[113].

F. Ausblick

Durch das Rechtsinformationssystem des Bundes konnte die in den 1960er und 1970er Jahren wahrgenommene „Informationskrise des Rechts" erfolgreich bewältigt werden. Politik und Wissenschaft haben auf seine Ausgestaltung maßgeblichen Einfluss genommen. Seine Entwicklung hat viele Mühen, viel Zeit und viel Geld gekostet. Nach diesen Anstrengungen ist das schon immer eng mit der Stadt Bonn verbundene Rechtsinformationssystem zum unentbehrlichen Hilfsmittel für Gesetzgebung, Rechtsprechung, Wissenschaft, letztlich die gesamte Gesellschaft geworden.

Vor ähnlichen Herausforderungen wie an den Anfängen steht der Bund im Zeitalter der Digitalisierung und von Open Data nun erneut. Die Kenntnis der Entstehungsgeschichte ist dabei hilfreich, um die Probleme der Neugestaltung zu verstehen und auch um die weiterhin kontinuierlich steigende Gesetzesflut im Griff zu behalten[114]. Der Prozess der Neugestaltung soll dabei zugleich dazu genutzt werden, das Rechtsinformationssystem in den möglichst medienbruchfreien elektronischen Kreislauf von

---

113 Mit einem neuen Rechtsinformationsportal des Bundes verfolgt das Bundesministerium der Justiz und für Verbraucherschutz das Ziel, die bestehenden Plattformen „www.gesetze-im-internet.de", „www.rechtsprechung-im-internet.de" und „www.verwaltungsvorschriften-im-internet.de" abzulösen. Durch die Erweiterung des Angebots an Metadaten will der Bund zudem Forderungen nach Bereitstellung von mehr Open Data erfüllen. Vgl. die Pressemitteilung des Ministeriums vom 27. Juli 2020, abrufbar unter: https://www.bmjv.de/SharedDocs/Pressemitteilungen/DE/2020/072720_Tech4Germany.html.

114 Hiervon werden nicht zuletzt auch wirtschaftliche Interessen berührt, vgl. Krebs/Jung, Law Screening – ein neuer Ansatz zum Umgang mit der Gesetzesflut, BB 2014, 3081 ff.

115 Das Projekt „Elektronisches Gesetzgebungsverfahren (E-Gesetzgebung)" ist Bestandteil der Dienstekonsolidierung des Bundes und hat zum Ziel, das Rechtsetzungsverfahren des Bundes auf eine neue IT-Grundlage zu stellen, bisher bestehende Medienbrüche im Prozess innerhalb und zwischen der Bundesregierung, dem Deutschen Bundestag, dem Bundesrat, dem Vermittlungsausschuss und dem Bundespräsidialamt abzubauen, das Gesetzgebungsverfahren auf Bundesebene vollständig elektronisch, medienbruchfrei und interoperabel abzubilden und durch die Orientierung an den aktuellen technologischen Entwicklungen die Gesetzgebungsarbeit modern und zukunftssicher aufzustellen. Das Projekt ist gegenwärtig bis zur Mitte 2023 geplant und erweitert die Funktionalitäten

elektronischer Gesetzgebung[115] und elektronischer Verkündung[116] von Rechtsvorschriften zu integrieren.

der E-Gesetzgebung iterativ. Geplant ist eine stufenweise Bereitstellung der E-Gesetzgebung, sodass eine frühzeitige Nutzung bereits verfügbarer Dienste ermöglicht wird.

116 Wie die damalige Bundesministerin Katarina Barley 2018 mitteilte („Barley nimmt Dumont-Verlag das Gesetzblatt weg", FAZ vom 23. Dezember 2018), sollen Bundesgesetze in Deutschland zukünftig elektronisch verkündet werden. Das Bundesministerium der Justiz und für Verbraucherschutz betreibt daher das Projekt „elektronische Verkündung von Gesetzen und Verordnungen des Bundes" (Projekt „eVerkündung") mit dem Ziel der Einführung der elektronischen Veröffentlichung des Bundesgesetzblatts. In diesem Zusammenhang ist die Schaffung einer „eVerkündungsstelle" sowie einer „Strukturierungsstelle" im Bundesamt für Justiz geplant. Hintergrund ist die fachliche Nähe zu den bisherigen Aufgaben.

Über den Tellerrand des Pflichtfachstoffes hinaus – Eine kurze Geschichte des Bonner Rechtsjournals

Helena Falke, LL.B.[*]

I. Einleitung

Das Bonner Rechtsjournal (BRJ) war im Jahre 2007 zunächst nur die Idee eines jungen Bonner Jurastudenten, angehenden Juristen bereits zu Beginn ihres Studiums die Möglichkeit zu geben, am wissenschaftlichen Diskurs teilzuhaben. Nun, fast 15 Jahre später, hat sich diese Idee deutschlandweit zu einer der größten juristischen Fachzeitschriften in studentischer Verantwortung entwickelt, die zu Beginn jeder regulären Ausgabe regelmäßig spannende Gäste im Interview begrüßt. Gerne kommen dabei Richter am Bundesgerichtshof wie Prof. Dr. Thomas Fischer[1], Verfassungsrichter wie Prof. Dr. Dr. Udo Di Fabio[2] oder Prof. Herbert Landau[3], Richter am EuGH wie Prof. Dr. Dr. Thomas von Danwitz[4], Bundesminister wie Heiko Maas[5] oder der heutige Bundestagspräsident Dr. Wolfgang Schäuble[6] zum Gespräch mit dem Bonner Rechtsjournal und diskutieren mit den studentischen Redakteuren über aktuelle juristische Themen.

Diese Interviews bieten nicht nur unseren Redakteuren, sondern auch der studentischen Leserschaft die einzigartige Gelegenheit, mit renommierten Juristen in einen fachlichen Austausch zu treten. Denn der wissenschaftliche und rechtspolitische Diskurs auf hohem Niveau soll nicht nur Professoren, Politikern und obersten Bundesrichtern vorbehalten sein, sondern auch in das sonst so auf den Examensstoff begrenzte Jurastudium

---

* Die Verfasserin ist Herausgeberin des Bonner Rechtsjournals gemeinsam mit Alexandra Leibova und Antonetta Stephany. Ihnen sei herzlichst gedankt für ihre Ideen und Mithilfe bei der Konzeption des Textes. Zudem danke ich Dr. Marek Jansen, Gründer des Bonner Rechtsjournals, dessen Erinnerungen an die Anfänge in diesen Text Eingang finden konnten.

1 Bonner Rechtsjournal 2012, S. 6 ff.
2 Bonner Rechtsjournal 2019, S. 71 ff.
3 Bonner Rechtsjournal 2013, S. 77 ff.
4 Bonner Rechtsjournal 2020, S. 1 ff.
5 Bonner Rechtsjournal 2016, S. 79 ff.
6 Bonner Rechtsjournal 2009, S. 1 ff.

Einzug erhalten. Unter dem Slogan *„Lesen. Mitmachen. Veröffentlichen."* ermöglicht das BRJ schon früh Studierenden einen ersten Kontakt mit wissenschaftlichen Themen. Insofern ist das Bonner Rechtsjournal auch keine Studentenzeitschrift im eigentlichen Sinne, sondern versteht sich vielmehr als eine juristische Fachzeitschrift, die allerdings ausschließlich von Studierenden geführt wird.

Seit der Gründung des Journals im Jahre 2007 waren im Rahmen dieses Projekts insgesamt bereits 56 studentische Redakteure und 17 studentische Herausgeber an den Publikationen des BRJ beteiligt. Aus diesem Engagement entstanden in den letzten Jahren insgesamt 29 Interviews und 545 Beiträge von einer Vielzahl von Autoren in bisher 39 Ausgaben des BRJ.

Das Bonner Rechtsjournal ist daher mit seiner Auflage von 1000 Exemplaren je Ausgabe nicht mehr aus dem Studienalltag des Juridicums wegzudenken. Doch werden die Ausgaben nicht nur gerne von Studierenden in den Pausen zwischen den Vorlesungen im „Juri§hop", dem hauseigenen Café des Juridicums, erworben. Neben einer Vielzahl privater Einzelabonnenten sind auch die obersten Bundesgerichte sowie einzelne Ministerien und der Landtag Nordrhein-Westfalens treue Abonnenten des Bonner Rechtsjournals. Die Zeitschrift ist dadurch zu unserer großen Freude im gesamten Bundesgebiet vertreten und wird als bundesweite Publikation wahrgenommen.

II. Von einer Idee zur ersten Printausgabe – Die Anfänge des BRJ

Die Gründungsidee für das Bonner Rechtsjournal kam im Jahre 2007 auf, als Dr. Marek Jansen, damals Jurastudent im zweiten Fachsemester, nach einem Wochenende in der Heimat mit dem Zug nach Bonn fuhr. Als Zeitvertreib während der Zugfahrt las er unter anderem einen Bericht über anglo-amerikanische *Law Reviews*. In den Vereinigten Staaten verfügen die angesehenen Universitäten der *Ivy League* schon seit Ende des 19. Jahrhunderts über eigene *Law Reviews*, die von studentischen Redakteuren geleitet werden und ein zentraler Bestandteil der juristischen Fachwelt sind. Bereits vor dem Studienabschluss ermöglichen sie den Studierenden, wissenschaftliche juristische Publikationen auf fachlich hohem Niveau zu begleiten und zu betreuen.

So drängte sich dem späteren Gründer des Bonner Rechtsjournals die Frage auf, wieso die Universität Bonn mit einer der ältesten und renommiertesten juristischen Fakultäten Deutschlands keine den Law Reviews vergleichbare fachliche Publikation hat. Also setzte er sich das Ziel, in Bonn eine Plattform für den wissenschaftlichen Diskurs zu schaffen, die auch Studierenden eine Stimme gibt. Schnell kamen nach dieser ersten Idee weitere Ziele hinzu: Als maßgeblich von angehenden Juristen getragene Fachzeitschrift sollte diese auch einen Nutzen für Studierende selbst schaffen und z.B. durch Vorstellungen klassischer sowie exotischer juristischer Berufe, Musterklausuren und Rezensionen von der studentischen Redaktion den berühmten „Blick über den Tellerrand“ der universitären Ausbildung bieten.

Doch die Initiative stieß zunächst auf eine Vielzahl von Hürden. Viele herausfordernde Fragen, die mit der Gründung einer Zeitschrift einhergehen, standen im Raum. So war zunächst unklar, wer eine solche studentische Zeitschrift finanzieren soll. Auch stellten sich die Fragen, ob genügend Studierende überhaupt dauerhaft ehrenamtlich an einem solchen langfristigen Projekt mitarbeiten wollen, oder noch grundlegender, ob bei der Fülle an Fachzeitschriften, die schon damals im jährlich dreistelligen Bereich zu beziffern waren, überhaupt das Interesse und die Leserschaft für eine weitere Zeitschrift vorhanden sei. Nicht zuletzt auf Grund der studentischen Redaktion zeigten sich auch Bedenken hinsichtlich der Qualitätssicherung im Rahmen eines studentischen Journals. Diese Schwierigkeiten ließen es in der Anfangszeit des Bonner Rechtsjournals fraglich erscheinen, ob sich der Aufwand für das Projekt tatsächlich lohnen würde.

Dennoch wurde das Vorhaben Schritt für Schritt umgesetzt und bald fanden sich erste Mitstreiter für die Zusammenstellung einer Redaktion unter den Kommilitonen. Nach und nach formte sich so um Jansen als Chefredakteur die erste BRJ-Redaktion bestehend aus: Viktoria Kaplun, Karoline Meyer, David Rüther und Bastian Lampert.

Diese erste Redaktion suchte fortan Unterstützer der Idee in der Fakultät. So wurde zum Zwecke der Qualitätssicherung gemeinsam mit einigen Professoren ein wissenschaftlicher Beirat gegründet, der bis heute als "Kuratorium" fortbesteht und der studentischen Redaktion beratend zur Seite steht. Damals unterstützten die Professoren Prof. Dr. Mathias Schmoeckel, Prof Dr. Wulf-Henning Roth, Prof. Dr. Matthias Leistner, Prof. Dr. Frank Schorkopf, Prof Dr. Christian Waldhoff, Prof. Dr. Dr. Udo Di Fabio, Prof. Dr. Hans-Ullrich Paeffgen und Prof. Dr. Rainer Zaczyk das Journal als Beiratsmitglieder und führen dieses Amt teilweise bis heute fort. Aber auch insbesondere Dr. Susanne Schiemichen unterstützte als Leiterin des Fachbereichsmanagements die Idee des Bonner Rechtsjournals von Beginn an und löste durch ihren Einsatz das Problem der Finanzierung, welche bis heute neben den Einnahmen aus Verkauf und Abonnements durch den Fachbereich Rechtswissenschaft der Universität Bonn gewährleistet wird.

Schließlich konnte nach intensiver Arbeit der Redaktion und vor allem dank der Unterstützung durch die Professoren und den Fachbereich bis Ende 2007 die erste Ausgabe des Bonner Rechtsjournals vorbereitet werden. Die Beiträge für die erste Ausgabe wurden eingeworben, teilweise auch selbst geschrieben sowie das Layout und der Satz wurden gestaltet. So erfolgte im Jahre 2008 nach langer Vorbereitung der Druck der ersten Ausgabe des Bonner Rechtsjournals durch die Universitätsdruckerei und der anschließende Versand an alle Bibliotheken in Deutschland.

III. Rubriken und Strukturen – Die Entwicklung des BRJ

In den folgenden Jahren wuchs das Bonner Rechtsjournal sowohl quantitativ als auch qualitativ. Mit immer neuen Mitgliedern kamen auch neue Ideen und Impulse hinzu, die das Journal selbst sowie seine Reichweite stetig verbesserten. So wurde beispielsweise durch Gregor Wiescholek die Digitalisierung des Journals vorangebracht, indem er eine eigene Website sowie einen Online-Shop einrichtete. Nicht zuletzt durch diese verstärkte Internetpräsenz konnte die Bekanntheit des Bonner Rechtsjournals immer weiter ausgebaut werden. Außerdem trugen neben der 2013 erfolgten Neugestaltung des Layouts durch Miriam Kraus zweifellos auch die vier bundesweiten Aufsatzwettbewerbe, die das BRJ 2009, 2011, 2015 und 2019 veranstaltete, dazu bei, dass sich das Bonner Rechtsjournal auch über die Grenzen der Bonner Fakultät hinaus als Fachmedium etablieren konnte. Dies spiegelt sich nicht zuletzt darin wider, dass das BRJ auch in den Entscheidungen der höchsten deutschen Gerichte zitiert wird,[7] während die veröffentlichten Fachaufsätze auch in der (Kommentar-)Literatur Beachtung finden.

Zudem etablierten sich mit der Zeit ein Erscheinungsrhythmus von zwei Ausgaben pro Jahr, jeweils zu Beginn des Sommer- und des Wintersemesters, sowie eine feste Gliederung des Journals in verschiedene Rubriken.

Jede reguläre Ausgabe ist nun thematisch einem Fokus innerhalb des Zivilrechts, Strafrechts oder des Öffentlichen Rechts gewidmet und gliedert sich in die Rubriken „Interview“, „Aufsätze“, „Studium“ und „Fakultät“. Das zum gewählten Schwerpunkt passende Interview mit einer von der Redaktion ausgewählten herausragenden Persönlichkeit dient dabei als Eröffnung und auch Einleitung in die Ausgabe. Anschließend folgen meh-

7 Beispielhaft wird verwiesen auf BVerfGE 153, 182-310; BVerfGE 144, 20-367.

rere wissenschaftliche Aufsätze innerhalb, aber auch außerhalb des thematischen Fokus, die sowohl von Hochschullehrern als auch Praktikern, Doktoranden und Studierenden verfasst werden. Das Bonner Rechtsjournal gibt so auch Jungwissenschaftlern unabhängig von ihrem Ausbildungsstand die Möglichkeit zur Publikation aktueller wissenschaftlicher Beiträge, insbesondere durch die Veröffentlichung hervorragender Klausuren oder Seminararbeiten von Bonner Studierenden. In dieser außergewöhnlichen Autorenkombination liegt das Besondere des Bonner Rechtsjournals, dem es gelingt, Beiträge sowohl von Studierenden als auch von Nobelpreisträgern[8] in einem Heft auf gleicher Ebene zusammenzubringen.

In der Rubrik „Studium" veröffentlicht das Bonner Rechtsjournal Originalklausuren aus dem Grundstudium, die mit der seltenen – aber wohl doch nicht unmöglichen – Note sehr gut bewertet wurden. Die Klausuren und die dazugehörige heißbegehrte „Musterlösung" sollen den Studierenden in den ersten Semestern als Hilfestellung zur Orientierung in der Klausurvorbereitung dienen. Hinzu kommt nun wieder passend zum Fokus eine Berufsvorstellung, die bei der Orientierung auf dem juristischen Arbeitsmarkt helfen und auch Berufsfelder abseits des Üblichen vorstellen soll. Ergänzt werden diese Beiträge durch ausgewählte Buchbesprechungen und nützliche Praktikumsberichte, die einen praktischen Mehrwert für die studentische Leserschaft bilden.

Zum Schluss finden sich in der Rubrik „Fakultät" neben aktuellen Entwicklungen in der Bonner Fakultät, Professorenvorstellungen und das Format „Neues aus der Forschung", das einen Einblick in die Forschungsschwerpunkte und laufenden Projekte der Bonner Professoren gibt. So soll den Studierenden über das Bonner Rechtsjournal einmal mehr vermittelt werden, was neben dem Bereich der Lehre, mit dem sie naturgemäß von ganz allein ständig im Kontakt sind, in der – manchen Studierenden etwas weniger präsenten – Wissenschaft und Forschung an ihrer Fakultät passiert.

In dieser Form erscheinen die regulären Ausgaben des Bonner Rechtsjournals, die jedes Jahr durch eine kostenfreie Sonderausgabe ergänzt werden. Diese befasst sich stets mit einem spezifischen Thema, das meist einen besonderen Studiums- oder Fakultätsbezug aufweist. Die letzte Sonderausgabe[9] behandelte beispielsweise hilfreiche und notwendige Schlüsselquali-

8 Maskin, Bonner Rechtsjournal 2009, S. 151 ff.

9 Softskills und Schlüsselqualifikationen, Bonner Rechtsjournal Sonderausgabe 2020.

fikationen und Soft Skills für Juristen, die anhand verschiedener Kurse und Programme auch an der Bonner Fakultät erlernt werden können.

Die Idee der Veröffentlichung einer Sonderausgabe entstand gemeinsam mit Prof. Dr. Rainer Zaczyk auf dem „Frankfurter Tag der Rechtspolitik" im Jahre 2007, einer Veranstaltung des Fachbereichs Rechtswissenschaft der Johann Wolfgang Goethe-Universität in Zusammenarbeit mit dem Hessischen Ministerium der Justiz. Die Tagung stand unter dem Thema „Bologna vor den Toren der Rechtswissenschaft" und bot Vorträge und Diskussionen über eine erneute Ausbildungsreform in der Rechtswissenschaft. Die kritische Auseinandersetzung von Prof. Dr. Rainer Zaczyk mit der Idee der Einführung eines Bachelor/Master-Systems in der Rechtswissenschaft stieß auf solch große Resonanz, dass die Redaktionsmitglieder David Rüther und Marek Jansen innerhalb von wenigen Tagen die erste Sonderausgabe des BRJ mit einem Abdruck der ungekürzten Rede realisierten.[10] Das Interesse bezüglich dieses hoch umstrittenen Themas war so groß, dass die erste Auflage innerhalb kürzester Zeit vergriffen war und eine zweite Auflage gedruckt werden musste. Damit entstand die Idee, zu besonderen Anlässen oder thematischen Schwerpunkten einmal jährlich eine Sonderausgabe zu publizieren.

Der ersten Sonderausgabe folgten sodann unter anderem Ausgaben anlässlich des 60. Jubiläums des Grundgesetzes, des 50-jährigen Bestehens des Bonner Juridicums oder des 150-jährigen Bestehens des juristischen Seminars der Universität Bonn. Aber auch studienbezogene Themen prägten die verschiedenen Sonderausgaben, die sich thematisch dem Praktikum und Referendariat bei Behörden in Bonn, der Juristenausbildung und Karrierechancen oder auch Plagiaten in der Wissenschaft widmeten. Die Besonderheit bei der internen Erstellung der Sonderausgaben liegt darin, dass diese selbständig von einem kleinen Arbeitskreis der Redaktion kuratiert und erstellt werden, sodass auch erste Einblicke in die Herausgebertätigkeit gewonnen werden können.

IV. Das BRJ heute

Obwohl seit der Gründung des Bonner Rechtsjournals bereits fast 15 Jahre vergangen sind, die sowohl von organisatorischen als auch personellen Veränderungen geprägt waren, hat sich der Redaktionsalltag im Wesentlichen nicht verändert.

---

10 Rechtswissenschaft oder McLaw?, Bonner Rechtsjournal Sonderausgabe 2008.

Noch immer stehen hinter jeder Ausgabe des Bonner Rechtsjournals etwa anderthalb Jahre Fleiß und Arbeit der ehrenamtlich tätigen Redaktion. Diese besteht zurzeit aus fünfzehn Redakteuren und drei Herausgeberinnen, die während der Konzeption der Ausgaben beratend durch das Kuratorium aus Bonner Professoren unterstützt werden.

Am Beginn einer Ausgabe steht ein Brainstorming der Redaktion über aktuelle spannende Themen und Ideen für einen möglichen Fokus der neuen Ausgabe. Anschließend werden erste Beitragsideen konkretisiert und potentielle Autoren diskutiert. Jeder Redakteur ist sodann für einen bestimmten Beitrag zuständig und sendet Beitragsanfragen an geeignete Autoren. Die Redakteure betreuen dabei eigenverantwortlich die Autorenkommunikation, den Schreibvorgang und insbesondere die Endkorrektur. Bis die Ausgabe jedoch in den Druck gehen kann, sind meistens eine Reihe von Korrekturdurchgängen und Druckfahnen notwendig, bis schließlich alle mit dem Ergebnis zufrieden sind. Insofern ist jede Ausgabe mit vielfältigen Herausforderungen während des gesamten Prozesses verbunden, doch am Ende bleibt das stolze Gefühl, die eigene gelungene Arbeit buchstäblich in den Händen halten zu können.

Zusätzlich fallen im Rahmen des Projekts natürlich noch spezielle Aufgaben in den Bereichen IT, Social Media, Finanzen und Verwaltung an, die gleichmäßig unter den Redakteuren und Herausgebern verteilt werden.

Ein solches Herzensprojekt wie das Bonner Rechtsjournal erfordert also großen Einsatz, der sich aber auch auf dem weiteren persönlichen Lebensweg auszahlt. Die Erfahrungen, die die ehrenamtliche Tätigkeit für das Bonner Rechtsjournal mit sich bringt, und die dort erlernten Fähigkeiten sind eine große Bereicherung für die spätere Arbeitswelt. Schon früh lernen die Studierenden, Verantwortung für ihre eigenen Projekte und Zuständigkeitsbereiche zu übernehmen, und sie müssen Durchhaltevermögen beweisen, um auch im Falle schwieriger Herausforderungen das Vorhaben erfolgreich zu Ende zu bringen. Zusätzlich werden im Rahmen der redaktionellen Arbeit Kommunikations- und Verhandlungsstrategien im Gespräch mit Verlagen, Druckereien, Autoren oder auch wirtschaftlichen Kooperationspartnern geschult. Auch die effiziente und zuverlässige Zusammenarbeit in einem Team – etwa bei der Konzeption einer Sonderausgabe – ist eine wichtige Kompetenz, die durch das Engagement beim BRJ besonders gefördert wird.

Darüber hinaus dient das Bonner Rechtsjournal auch als Vorbild, um sich an eigene wissenschaftliche Projekte zu wagen. So fanden viele ehemalige Redakteure und Herausgeber den Weg in die Wissenschaft in Form einer Promotion und sogar Habilitation.

V. Ausblick

Das Bonner Rechtsjournal hat mittlerweile wie beschrieben einen langen Weg hinter sich, wagen wir zum Schluss nun noch einen Blick in die Zukunft. Gerade die durch die Corona-Pandemie bedingten Entwicklungen haben einmal mehr gezeigt, wie wichtig Schritte in Richtung Digitalisierung sind. Während ein großer Teil der redaktionellen Arbeit bereits regulär mit Hilfe einer Online-Cloud, Doodle-Umfragen und digitalisierten Druckfahnen organisiert wird, mussten leider auch die Redaktionskonferenzen online stattfinden. Doch die Pandemie zeigte an dieser Stelle auch die vielfachen Möglichkeiten durch die Digitalisierung auf: So erlaubte es die Nutzung der Videoplattform Zoom erstmals, Interviewpartner aus weiter entfernten Städten wie Dresden und München live hinzuzuschalten.

Zudem erscheint jede Ausgabe des BRJ etwa sechs Monate nach Erscheinen der Printausgabe auch in digitaler Version. Ein Ausbau der digitalen Angebote wäre hier also noch gut denkbar. Wie eingangs beschrieben ist immer auch das Interview eine besondere Möglichkeit, Verbindungen zwischen Studierenden und renommierten Rechtswissenschaftlern mit hoher Expertise zu schaffen, sodass aktuell beispielsweise die Idee eines Kurzinterviews im Onlineformat im Raum steht, das über die Website und andere Social-Media-Kanäle verbreitet werden soll. Dadurch besteht die Chance, viel kurzfristiger auf aktuelle Entwicklungen einzugehen und so als BRJ präsenter zu werden.

Diese Idee leitet über zu einem weiteren heute immer wichtigeren Punkt. Eine breit aufgestellte Onlinepräsenz bietet die Chance, die eigene Reichweite zu erhöhen, um in der öffentlichen Diskussion eine stärkere Rolle spielen zu können. Soziale Medien sind aus der gesellschaftlichen Debatte und auch aus der Wissenschaft heute nicht mehr wegzudenken und gerade auch juristische Themen sollten dort stark vertreten sein. So wurde für das Bonner Rechtsjournal kürzlich ein Instagramaccount[11] eingerichtet, auf dem unter anderem spannende Beiträge aus den Ausgaben geteilt und in die aktuelle Diskussion eingebunden werden. Außerdem bereiten die Redakteure dort im Rahmen der Serie „Recht aktuell" wöchentlich tagesaktuelle Themen auf, um Studierende interaktiv über rechtliche Entwicklungen zu informieren. Weitere Fortschritte auf diesem sich aktuell so schnell wandelnden Gebiet werden sicherlich in den nächsten Jahren zu erwarten und auch für eine studentische Initiative höchst relevant sein.

---

11 Abrufbar unter: https://www.instagram.com/bonner_rechtsjournal/.

Neben dem Ausbau der Online-Präsenz soll aber auch die Präsenz des Bonner Rechtsjournals am Fachbereich noch erhöht werden. In den vergangenen Jahren konnte das Bonner Rechtsjournal im Rahmen der veranstalteten Aufsatzwettbewerbe und der dazugehörigen Preisverleihung stets spannende Redner gewinnen. Thema des letzten Wettbewerbs war beispielsweise „Digitalisierung & Mobilität – Chancen und Herausforderungen des autonomen und vernetzten Fahrens", in dessen Rahmen Prof. Dr. Udo Di Fabio als Festredner und Mitglied der Ethikkommission spannende Einblicke in diesen Bereich gewährt hat – ein Vortrag, der auch über den Ursprung der Veranstaltung hinaus für viele Studenten, Praktiker und Wissenschaftler von Interesse war. Die Redaktion des BRJ beschäftigt sich stets mit solchen aktuellen Fragestellungen und akquiriert dazu immer wieder beachtenswerte Experten. In der Planung sind daher für die Zukunft Veranstaltungen, die diese Themen am Fachbereich in Bonn noch weiter öffnen und vertiefen, beispielsweise durch vom BRJ organisierte Podiumsdiskussionen. Wie die Pandemie gezeigt hat, ließen sich solche Veranstaltungen auch hervorragend in digitaler Form umsetzen.

Es zeigen sich demzufolge viele Ideen für die Zukunft, doch ist es wichtig, bei allen Entwicklungen stets der Grundidee des Bonner Rechtsjournals treu zu bleiben. Es wird auch weiterhin eine studentische Initiative bleiben, in der Studierende die Möglichkeit haben sollen, den wissenschaftlichen Diskurs mitzuerleben und auch aktiv mitzugestalten. Dieses besondere Merkmal, dass das Bonner Rechtsjournal von der großen Zahl juristischer Fachzeitschriften unterscheidet und abhebt, soll auch in allen zukünftigen Projekten erhalten bleiben. Wie die Arbeit mit dem neuen Instagramaccount oder aber auch die Organisation der Aufsatzwettbewerbe in den vergangenen Jahren bereits gezeigt haben, ist auch hier viel Raum für das Engagement von Studierenden für Studierende.

Abschließend soll an dieser Stelle noch betont werden, dass trotz des großen Einsatzes der ehrenamtlichen Redakteure und Herausgeber dieses studentische Projekt ohne die finanzielle und ideelle Unterstützung des Fachbereichs der Juristischen Fakultät kaum realisierbar wäre. Insofern möchten wir diese kleine Geschichte des Bonner Rechtsjournals auch dazu nutzen, dem Fachbereich und der Universität Bonn herzlich zu danken, dass sie das Bonner Rechtsjournal bereits seit 15 Jahren ermöglichen und unterstützen. Wir hoffen, dass den Studierenden auf diese Weise noch viele Jahre die Möglichkeit gegeben wird, den rechtswissenschaftlichen Diskurs durch ihr Engagement aktiv mitzugestalten.

Zeitfracht Medien GmbH
Ferdinand-Jühlke-Straße 7
99095 Erfurt, Deutschland
produktsicherheit@kolibri360.de